Ven al Padre

Acercándonos a Dios por Medio
de la Oración y las Sagradas Escrituras

Tracy Hill

© 2025 Tracy Hill

Todos los derechos reservados. Salvo lo dispuesto por la Ley de Derechos de Autor, ninguna parte de esta publicación puede ser reproducida, almacenada en un sistema de recuperación o transmitida de ninguna forma o por ningún medio excepto cuando se autorice por escrito por la Editorial.

Fotografías de portada copyright © Tracy Hill 2016. Todos los derechos reservados.

A menos que se indique lo contrario, todas las citas bíblicas se han tomado de La Santa Biblia, Nueva Versión Internacional®, NVI®. Copyright ©1999, 2015, 2022 por Biblica, Inc. ® Usado con permiso de Zondervan. Reservados todos los derechos en todo el mundo. www.zondervan.com, la "NVI" y la "Nueva Versión Internacional" son marcas registradas en la Oficina de Patentes y Marcas de los Estados Unidos por Biblica, Inc. ®

La Santa Biblia, Nueva Versión Internacional® NVI® Copyright © 1999, 2015, 2022 by Biblica, Inc.® Usada con permiso. Reservados todos los derechos en todo el mundo.

ISBN: 979-8-9920011-0-5

Dedicado a...

Mis queridos abuelos, quienes pavimentaron el camino para mi fe.
Ustedes guiaron con el ejemplo.
Y sé que estuvieron orando por mí todo el tiempo.

Contenido

Un Elogio Generoso *6*

Foto de Portada *7*

Introducción *9*

Semana Uno	Ora de esta Manera	14
Semana Dos	Adoración	34
Semana Tres	Sumisión	50
Semana Cuatro	Gratitud	66
Semana Cinco	Peticiones	82
Semana Seis	Confesión	98
Semana Siete	Protección	114
Semana Ocho	Guías de Oración	130
Semana Nueve	Devocionales de Oración	142

Palabras Finales de Ánimo *159*

Guía para Líderes *161*

Muy Agradecida *166*

Conociendo a la Autora *167*

Más Recursos *168*

Un Elogio Generoso

La oración es la manera en que hablamos con nuestro Dios bondadoso. Es la clave para acercarnos a Jesús. Tracy Hill ilumina esta preciosa disciplina espiritual en su más reciente estudio bíblico, *"Ven al Padre: Acercándonos a Dios Por Medio de la Oración y Las Sagradas Escrituras."* El amor de Tracy por Jesús brilla a lo largo de este milagroso recorrido de nueve semanas que nos pone cara a cara con nuestro Señor. A través de una escritura hermosa y sentida, Tracy llega al corazón de la oración: acercarse a Dios con humildad y amor, con el corazón de un niño.

Ella nos anima a reflexionar profundamente sobre la práctica de la oración, en todas sus formas maravillosas, y a sentirnos cómodos expresando nuestra devoción a nuestro amoroso Padre por medio de Cristo. Con muchos ejemplos de oración, incluyendo guías y devocionales, podemos sentirnos en confianza al venir a Jesús con gratitud, peticiones y confesión. Tracy es una narradora excepcional, entrelazando pasajes bíblicos con su profundo entendimiento de la oración. Este es un estudio que recordarás por siempre, porque transforma y afirma la vida. Somos bendecidos por tener a una autora tan inspirada y guiada por Dios como Tracy, para guiarnos en el camino hacia una devoción más profunda.

"Ven al Padre" es muy especial, y te animo a ser transformado por su mensaje.

—Donna Rose Houchen
Escritora, Mental Health America

Foto de Portada

Las Biblias muy queridas y desgastadas que aparecen en la portada de este libro de trabajo pertenecieron a mis abuelos llenos de fe: la abuela y el abuelo Leavitt, y la abuela Mary. Han sido legadas a mi con amor. Ahora tengo el honor de ser la heredera de las Biblias que mis seres queridos sostenían en sus manos y estudiaban con devoción. Ellos sabían que pasar tiempo en la Palabra era una forma de escuchar al Señor.

A lo largo de los años, mis abuelos hicieron más que leer sus Biblias: tomaron los mensajes a pecho y los vivieron al máximo. Cuando era niña, fui testigo de cómo su caminar con Dios coincidía con sus palabras. Decían que amaban a Jesús, y sus acciones y palabras revelaban que, sin duda alguna, así era—no había contradicción. Vivían su fe de manera constante y amaban a los demás con gran generosidad.

El espíritu cálido, amable y gentil de mi abuela Mary me mostró el amor sincero de Jesús. Mi abuelo Leavitt ha sido un patriarca firme y piadoso para nuestra familia. Mis abuelos me mostraron el camino hacia mi Salvador. Fueron ellos quienes me enseñaron a orar. Siempre que mis primos y yo pasábamos la noche en casa del abuelo y la abuela Leavitt, o íbamos de viaje a su cabaña en las montañas, ellos daban gracias antes de las comidas y nos arropaban por la noche con nuestras oraciones. Fue mi abuela Leavitt quien oró conmigo para que aceptara a Jesús en mi corazón—la oración más importante que he hecho en mi vida.

"Que si confiesas con tu boca que Jesús es el Señor y crees en tu corazón que Dios lo levantó de entre los muertos, serás salvo." Romanos 10:9

Ven al Padre

con el

Corazón de un Niño

Introducción

Nuestro Padre Celestial nos creó para tener una relación personal con Él—una relación que crezca y perdure para siempre. Desde antes de que tomáramos nuestro primer aliento, ese era Su hermoso plan. Él nos invita a entrar en comunión dulce y santa con Él, y nos ha dado los medios para comunicarnos. No hay nada más precioso que un hijo de Dios y nuestro Padre Celestial pasando tiempo juntos—es un destello del cielo encontrándose con la tierra.

Sin embargo, con demasiada frecuencia nos sentimos incompetentes cuando se trata de orar. Tenemos una idea distorsionada de cómo "debería" lucir la oración y sentimos que no estamos a la altura. Nos ponemos una presión innecesaria para tener las palabras perfectas, para sonar elocuentes y "espirituales." Pero en realidad, el Señor nos ama y simplemente quiere que compartamos nuestro corazón con Él, como lo haríamos con alguien cercano. La oración nunca fue diseñada para hacernos sentir culpables. Durante las próximas nueve semanas, tú y yo leeremos la Palabra de Dios y la usaremos como guía para nuestras oraciones. Las Escrituras Bíblicas nos dicen que "oren sin cesar," y con muy buena razón **(1 Tesalonicenses 5:17)**. Es nuestra manera de comunicarnos con nuestro Padre Celestial. Mi esperanza es que al practicar la oración diariamente, crezcamos en confianza y comodidad al hablar con Dios de manera constante.

Cuando combinamos regularmente la Palabra de Dios con nuestras oraciones, volvemos al propósito original: tener comunión continua con nuestro Padre Celestial. Cada vez que abrimos la Biblia y leemos una frase, un pasaje o incluso un libro entero, tenemos la oportunidad de escuchar directamente al Señor. Y cuando venimos a Él en oración, abrazamos la oportunidad de compartir nuestro corazón, nuestras preocupaciones y alegrías, y de declarar Su alabanza. Al dedicar tiempo a la lectura de la Biblia y a la oración, experimentamos la bendición de Su Presencia—y recordamos que no estamos solos.

La oración y la Palabra—las dos claves esenciales para una relación personal plena con nuestro Padre. Tienen el poder milagroso de impactar nuestras vidas más allá de lo que podemos pedir o imaginar. Nos recuerdan la autoridad y el poder de Dios; abren nuestros ojos a Su perspectiva; enfocan nuestras mentes en Su Verdad, y alinean nuestros corazones con el Suyo. Ambas nos recuerdan que somos amados, nos llenan de paz, nos colman de gozo, nos guían hacia la santidad, y nos recuerdan que hemos recibido toda bendición espiritual. Encontramos fuerza, esperanza y la capacidad de perseverar. Recibimos sabiduría y dirección.

Con todas estas bendiciones disponibles en la Biblia y por medio de la oración, ¿por qué descuidaríamos una oportunidad tan maravillosa de pasar tiempo con el Señor?

"El corazón me dice: «¡Busca su rostro!». Y yo, SEÑOR, tu rostro busco." Salmo 27:8

Pondremos una base firme sobre quién es Dios y recordaremos quién dice Él que somos nosotros. Descubriremos Sus promesas para nuestras vidas y comenzaremos a reclamarlas con confianza en oración. Cuando basamos nuestras oraciones en la Palabra de Dios, ¡no pueden evitar estar llenas de poder y verdad! Aprenderemos qué significa orar en el Nombre de Jesús y conforme a la voluntad de Dios.

Sinceramente oro para que las Sagradas Escrituras cobren vida y el Padre revele Su corazón a ti. También oro para que tú compartas tu corazón con Él, y como resultado, experimentes Su tierno cuidado. Mi deseo genuino es que este diario de oración/estudio bíblico/devocional (es un poco de los tres) te anime a acercarte a Dios y te ayude a darte cuenta de que Él siempre ha estado cerca de ti.

"Pido que el Dios de nuestro Señor Jesucristo, el Padre glorioso, les dé el Espíritu de sabiduría y de revelación, para que lo conozcan mejor. ¹⁸Pido también que les sean iluminados los ojos del corazón para que sepan a qué esperanza él los ha llamado, cuál es la riqueza de su gloriosa herencia entre pueblo santo, ¹⁹y cuán incomparable es la grandeza de su poder a favor de los que creemos. Ese poder es la fuerza grandiosa y eficaz." Efesios 1:17-19

La Palabra de Dios y la oración van de la mano. Ambas son igualmente vitales para el crecimiento de nuestra fe y nuestra relación con el Señor. En las siguientes páginas, aplicaremos los pasajes bíblicos a diferentes aspectos de la oración— temas como la alabanza y la gratitud, la confesión, y presentar nuestras necesidades diarias ante el Señor.

En nuestra primera semana, veremos lo que Jesús nos enseña sobre la oración y nos inspiraremos en Su ejemplo. Las semanas siguientes profundizarán en estos conceptos con aplicaciones prácticas. Pondremos en acción la Oración del Señor.

"Dios es espíritu y quienes lo adoran deben hacerlo en espíritu y en verdad." Juan 4:24

Dios nos invita a pasar tiempo con Él y nos pide que lo pongamos en primer lugar. Así que comencemos tomando intencionalmente un descanso del ajetreo, y entremos conscientemente en Su Presencia—tranquila, reconfortante y soberana.

Recuerda: en la oración no hay necesidad de pretender; el Señor desea autenticidad. Él simplemente quiere tu corazón. No necesitas ser perfecto, solo honesto y sincero. Con práctica, la oración puede llegar a ser tan natural como respirar.

- Antes de comenzar, tómate un momento para reflexionar sobre tu vida de oración. ¿Cómo la describirías? ¿En qué aspectos te gustaría mejorar?

- Haz una pausa ahora y pídele al Señor que te ayude en este camino de oración. Puedes escribir tu oración aquí si lo deseas. Será un testimonio al que puedas regresar más adelante.

Las primeras siete semanas nos guiarán en la práctica de la oración y el estudio bíblico. La octava semana incluye guías de oración simples para animarte a escribir tus propias alabanzas y súplicas al Padre. La novena semana ofrece devocionales adicionales para seguir bendiciendo e inspirando tu caminar con el Señor. **https://www.youtube.com/@beblessedandinspiredwithtracy/playlists**.

YouTube: **Mas QR códigos en la página 166.**

"Acerquémonos, pues, a Dios con corazón sincero y con la plena seguridad que da la fe, interiormente purificados de una conciencia culpable y los cuerpos lavados con agua pura..."

Hebreos 10:22

SEMANA UNO

Ora de esta Manera

"Ustedes deben orar así"

Día 1: Como Jesús

Día 2: Cuando Ores

Día 3: Padre Nuestro

Día 4: Tu Reino

Día 5: Pan Diario

Día 6: Perdona Nuestras Ofensas

Día 7: Líbranos del Mal

DÍA UNO

Como Jesús

Jesús es nuestro Salvador perfecto e inmaculado. Él pagó el precio por nuestro pecado y tomó el castigo que merecíamos. Fue a la cruz para liberarnos de nuestra vergüenza y eliminó toda ira y juicio sobre nosotros. Nos cubre con justicia y nos da nueva vida en el momento en que entregamos nuestra vida a Él. A través de Jesús, somos lavados en la gracia de Dios, envueltos en el amor de Dios y llenos de la paz de Dios. Nuestro Salvador garantiza nuestra entrada al Reino de los Cielos **(Colosenses 2:14)**.

Jesús es nuestro Señor soberano y Rey poderoso. Él gobierna con autoridad sobre toda la creación. Reina supremamente sobre tu vida y la mía. Extiende su cetro de justicia. Está sentado a la diestra del Padre, muy por encima de todo poder y dominio **(Efesios 1:20-22)**. Jesús es nuestro amigo fiel. Nos ha dado a conocer todo lo que aprendió de Su Padre **(Juan 15:15)**.

Jesús es nuestro ejemplo impecable. Demostró cómo amarnos y servirnos unos a otros **(Juan 13:15)**. Nos enseñó que la verdadera justicia implica más que nuestras acciones; brota de los rincones más profundos de nuestros corazones. Jesús mostró obediencia a Su Padre Celestial. Nos enseñó cómo vivir una vida de oración. Profundizaremos en la vida de oración de Jesús y encontraremos inspiración para nosotros mismos.

Jesús es miembro de la Santa Trinidad: Padre, Hijo y Espíritu Santo. Él es la representación exacta de Dios. Dejó la gloria del Trono Celestial en busca de ti y de mí. Vino para ganar nuestros corazones de vuelta y restaurar nuestra relación con el Padre.

⁶Quien, siendo por naturaleza Dios, no consideró el ser igual a Dios como algo a qué aferrarse. ⁷Por el contrario, se rebajó voluntariamente, tomando la naturaleza de siervo y haciéndose semejante a los seres humanos. ⁸Y al manifestarse como hombre, se humilló a sí mismo y se hizo obediente hasta la muerte, ¡y muerte de cruz! ⁹Por eso Dios lo exaltó hasta lo sumo y le otorgó el nombre que está sobre todo nombre, ¹⁰para que ante el nombre de Jesús se doble toda rodilla en el cielo y en la tierra y debajo de la tierra, "y toda lengua confiese que Jesucristo es el Señor, para gloria de Dios Padre."

Filipenses 2:6-11

Jesús sabía que para cumplir Su propósito aquí en la tierra, debía mantenerse conectado con Su Padre Celestial. A lo largo de Su tiempo caminando por este planeta (que Él creó hace mucho), mantuvo una conversación continua. La oración era Su línea de vida: le traía paz, lo mantenía enfocado, lo llenaba de fuerza, era una expresión de Su gratitud, y era un desahogo para Su tristeza.

Veamos algunos versículos para obtener una mejor visión de la conexión de Jesús con el Padre. Y luego comenzaremos a seguir Sus pasos en la oración.

1. Por favor, lea los siguientes versículos y anote lo que aprende sobre la vida de oración de Jesús.

- Marcos 1:35

- Lucas 5:16

- Lucas 6:12

Un día en que todos acudían a Juan para que los bautizara, Jesús fue bautizado también. Y mientras oraba, se abrió el cielo "y el Espíritu Santo bajó sobre él en forma de paloma. Entonces se oyó una voz que desde el cielo decía: «Tú eres mi Hijo amado; estoy muy complacido contigo». Lucas 3:21-22

Estoy segura de que notó que la oración era una parte regular de la vida de Jesús. Él oraba en público **(Juan 11:41-42)**. Oraba con frecuencia y en privado. Se retiraba de la multitud y buscaba tiempo tranquilo con Su Padre. Oraba durante el día y en las vigilias de la noche. Oraba en Su bautismo en el río Jordán. Oraba durante los cuarenta días y noches que pasó solo en el desierto. Oraba antes de que comenzara Su ministerio terrenal. Sus oraciones invitaban la bendición y el poder de Dios.

"Oren sin cesar." 1 Tesalonicenses 5:17

2. ¿Con qué frecuencia te apartas del ruido y buscas refugio en el Señor? Es más fácil escucharlo en el silencio.

3. ¿Tienes un lugar especial donde te encuentras sin interrupciones con Dios? Es verdaderamente una bendición darle tu atención indivisa.

4. ¿Conversas regularmente con Él a lo largo del día? Él es un gran compañero.

5. ¿Hablas con Él en esas noches cuando tu mente está desbordada? Si Él puede sostener la luna y las estrellas en su lugar, seguramente puede manejar tus problemas **(Salmo 4:8).**

6. ¿Recuerdas hacer una pausa y orar durante los grandes momentos de tu vida? ¿O oras en preparación para lo que está por venir? Dios está presente en todo.

En mi lecho me acuerdo de ti; pienso en ti en las vigilias de la noche. ⁷*A la sombra de tus alas canto de alegría, porque tú eres mi ayuda".* Salmo 63:6-7

Hoy, tu tarea es trabajar conscientemente en tus respuestas a estas preguntas. Apártate del ruido, encuentra un lugar tranquilo, conversa con el Señor, convierte tus preocupaciones en oraciones, acércate al Padre en el momento y en anticipación de lo que te espera en el futuro.

Dios mío, a ti clamo porque tú me respondes; inclina a mí tu oído y escucha mi oración. ⁷*Tú, que salvas con tu diestra a los que buscan escapar de sus adversarios, dame una muestra de tu gran amor".* Salmo 17:6-7

Usa este Salmo como guía para tu propia oración. Escribe tu oración aquí y luego dilo en voz alta. Te animará el corazón y bendecirá al Señor. Anota cualquier cosa que venga a tu mente: tu adoración y alabanzas, tus preocupaciones y temores, tus dudas y preguntas. (Usa un cuaderno o diario si necesitas más espacio.)

Dios está esperando y Él está escuchando:

Mi Dios,

Amén.

DÍA DOS

Cuando Ores

Para algunas personas, orar se siente completamente natural—las palabras fluyen sin esfuerzo de sus labios. Oran con confianza en voz alta y en el momento. Sus vidas están caracterizadas por la oración. Para otros, la oración puede ser un poco incómoda y ajena. Es una fuente de culpa—por no orar lo suficiente o de la manera "correcta". Dios quiere que sepamos que no hay una forma perfecta de acercarnos a Él en oración—esa es una presión que nosotros mismos nos imponemos sin necesidad. Orar es conversar con nuestro Señor y Salvador, nuestro Padre Celestial. Puede que Él haya creado los cielos y la tierra, y que esté sentado en Su Trono Celestial, pero está muy, muy cerca de cada uno de nosotros. Él está plenamente consciente de cada detalle de nuestras vidas. No está distante, sino íntimamente cercano a todos los que invocan Su Santo Nombre. La oración es nuestra línea de vida hacia Dios; alinea nuestro corazón con el Suyo; aligera nuestras cargas y nos da descanso. La oración honra a Dios como el Señor de nuestras vidas. Es un momento para regocijarse con el Señor y darle gracias por todas nuestras bendiciones, y también una oportunidad para presentarle nuestras preocupaciones. Sin duda, la oración es un privilegio que no queremos perdernos.

Cuando Jesús, Dios hecho carne, caminó por esta tierra, enseñó muchas cosas a sus seguidores acerca del Reino de los Cielos. Un día, mientras hablaba con sus discípulos, ellos le pidieron que les enseñara a orar **(Lucas 11:1)**. Lo habían visto orar en numerosas ocasiones y notaron algo notablemente diferente. Y querían eso para ellos mismos. Jesús es nuestro ejemplo perfecto en todo, y entre esas cosas está la oración. Yo quiero conocer la respuesta de Jesús, ¡y estoy seguro que tú también!

En **Mateo 6:5-13** encontramos el registro de la respuesta de Jesús. Primero les dijo a sus discípulos lo que no debían hacer, y luego les compartió un modelo que podían usar para guiar sus oraciones. (Nosotros también somos discípulos de Jesús, así que sus enseñanzas aplican a nosotros).

Por favor, lee el siguiente pasaje y escucha las palabras de Jesús:

»*Cuando oren, no sean como los hipócritas, porque a ellos les encanta orar de pie en las sinagogas y en las esquinas de las plazas para que la gente los vea. Les aseguro que ya han obtenido toda su recompensa. ⁶Pero tú, cuando te pongas a orar, entra en tu cuarto, cierra la puerta y ora a tu Padre, que está en lo secreto. Así tu Padre, que ve lo que se hace en secreto, te recompensará. ⁷Y al orar, no hablen solo por hablar como hacen los gentiles, porque ellos se imaginan que serán escuchados por sus muchas palabras. ⁸No sean como ellos, porque su Padre sabe lo que ustedes necesitan antes de que se lo pidan.*

⁹*»Ustedes deben orar así:*

»"Padre nuestro que estás en el cielo,
santificado sea tu nombre;
¹⁰*Venga tu reino;*
hágase tu voluntad
   en la tierra como en el cielo.
¹¹*Danos hoy nuestro pan de cada día;*
¹²*perdona nuestras ofensas,*
así como también nosotros perdonamos a los que nos ofenden.
¹³*no nos dejes caer en la tentación,*
   y líbranos del mal".

[Porque tuyo es el reino, el poder y la gloria por todos los siglos. Amén].

(versión litúrgica católica tradicional en español~ versión que la mayoría de los latinoamericanos aprendieron al crecer en contextos católicos (dominio público); La última línea está incluida en la RVA-2015.)

1. Vuelve a leer el pasaje y subraya todas las frases que comienzan con "cuando oren" o expresiones similares.

2. En los **versículos 6:5-8**, ¿qué dice Jesús que no debemos hacer?

3. En el **versículo 6:6**, ¿qué nos anima Jesús a hacer?

4. ¿Cómo tratan Sus palabras las intenciones de nuestro corazón?

5. ¿Qué afirmación encontramos en el **versículo 6:8**? ¿Qué significa esto para ti personalmente?

La oración tiene que ver completamente con la comunión entre Dios y nosotros. No necesitamos impresionar a nadie más. Jesús advirtió a Sus seguidores en contra de las repeticiones sin sentido. No necesitamos hablar sin cesar, esperando captar la atención de Dios o informarle sobre nuestra situación—Él lo sabe todo, pero quiere que nos acerquemos a Él de todos modos. La oración debería ser tan característica en nuestras vidas que sea nuestra respuesta natural, ya sea que alguien nos vea o no. Orar con otros es maravilloso, pero la oración en privado es un tiempo precioso de estar a solas con el Señor. La oración es, verdaderamente, una cuestión del corazón.

Después de hablar sobre lo que debemos y no debemos hacer en la oración en los versículos **6:5-8**, Jesús continúa compartiendo un ejemplo de los temas por los que debemos orar. Los versículos en **Mateo 6:9-13** y en **Lucas 11:2-4** son conocidos como "El Padre Nuestro" —después de todo, Él fue quien nos enseñó a orarla. Esta oración sencilla es hermosa por sí sola y a menudo se recita palabra por palabra como una expresión de nuestra sincera devoción. (Tal vez ya lo hagas, y eso es verdaderamente hermoso). Pero Jesús quiere asegurarse de que nuestra vida de oración sea personal, viva y auténtica; no quiere que caigamos en el hábito de repetir Su oración mecánicamente. Las frases de Jesús están destinadas a ser un maravilloso trampolín para todos los temas que Él resalta para nosotros—adoración, gratitud, nuestras necesidades diarias, perdón, protección y alabanza. Memorizar la oración de Jesús es útil para guiar el curso de nuestros propios sentimientos personalizados.

Las diferentes versiones de la Biblia nos dan más comprensión sobre la intención de Jesús respecto al uso de Su oración:

NVI: *"Ustedes deben orar así:"*

RVR1960: *"Vosotros, pues, oraréis así..."*

NTV: *"Ora de la siguiente manera..."*

LBLA: *"Vosotros, pues, orad de esta manera..."*

RVC: *"Por eso, ustedes deben orar así..."*

Jesús nunca dijo: *oren exactamente así, y solo así*. De hecho, a lo largo de los cuatro Evangelios vemos que Jesús usó muchas otras palabras también al hablar con Su Padre Celestial. Por supuesto, podemos orar *El Padre Nuestro* literalmente, pero como con cualquier otra conversación, es importante que también compartamos lo que está ocurriendo en nuestro corazón, mente y vida actualmente. También es vital que nuestra adoración sea profundamente viva y genuina en el momento. La mayoría de las veces, nuestra reverencia y asombro hacia Dios son tan incontrolables que es difícil captarlos por completo en una sola frase. ¡Aunque a veces, nos quedamos sin palabras!

Antes de analizar cada uno de los puntos que Jesús nos dio, tomemos primero unos momentos para apreciar y memorizar Su oración en su totalidad. Con tu propia mano, usa este espacio para escribir la oración del Padre Nuestro exactamente como Mateo la registró y tal como Jesús la enseñó. Luego, vuelve a leer Sus palabras varias veces, meditando en ellas. Finalmente, léelas en voz alta como una oración a tu Padre Celestial.

Memoriza esta oración y guárdala en tu corazón.

DÍA TRES

Padre Nuestro

"'Padre nuestro que estás en los cielo, santificado sea tu nombre'".

En los últimos dos días hemos establecido una base firme para nuestras oraciones. Miramos a Jesús como nuestro ejemplo y nos familiarizamos con Su enseñanza sobre la oración. Durante el resto de esta semana, observaremos más de cerca la oración del Padre Nuestro, un versículo a la vez, y luego la pondremos en práctica. La primera línea por si sola contiene tanta profundidad en una frase tan corta. De inmediato nos enfrentamos a la realidad de quién es Dios. Él gobierna con autoridad completa desde Su Sala del Trono en el Cielo; Él es soberano sobre toda la creación. La tierra es Su mero estrado; Él puede sostener todos los mares en la palma de Su mano. **(Isaías 66:1; 40:12)** Y, sin embargo, Él está cerca de cada uno de nosotros. Él reina desde lo alto, pero se agacha por nosotros. Él está atento e involucrado con cada detalle de nuestras vidas. Nos llama a una relación personal con Él mismo. Él es nuestro Padre amoroso.

Dios es la mezcla perfecta de poder y amor. Esto significa que podemos orar con confianza a Él acerca de cualquier cosa y todo. Si Él tuviera todo el poder que existe, pero no fuera amoroso ni bondadoso, tendríamos miedo de acercarnos a Él. Si Él fuera amable y amoroso pero incapaz de ayudarnos, no tendríamos inclinación a acudir a Él en nuestros momentos de necesidad. Dado que Él es tanto poderoso como amoroso, sabemos que no solo desea ayudarnos, sino que tiene toda la capacidad para hacerlo. Su amor es más alto, profundo y ancho de lo que podemos imaginar. En caso de que alguna vez dudes de ello, la Cruz es nuestra prueba **(Efesios 3:18)**. Nada puede separarnos de Su amor—ni la vida, ni la muerte, ni nada en medio **(Romanos 8:37-39)**. Su poder es más grande de lo que podemos empezar a imaginar. Él sana a los enfermos, resucita a los muertos y echa fuera demonios **(Mateo 4:23-24)**. Él calma los mares embravecidos; Él aquieta las tormentas dentro de ti y de mí **(Mateo 8:26)**.

Al entrar en la Presencia de Dios, no podemos evitar sentirnos abrumados por asombro y reverencia. No hay nadie como Él y nunca lo habrá. Dios es Dios: El Rey de reyes, el Señor de señores, el Dios Todopoderoso, el Príncipe de Paz, el Alfa y la Omega, el Principio y el Fin. Los cielos declaran el esplendor de Su gloria **(Salmo 19:1)**. Su Nombre solo debe ser santificado y alabado.

"Oh SEÑOR, Soberano nuestro, ¡qué imponente es tu nombre en toda la tierra! ¡Has puesto tu gloria sobre los cielos! ²Con la alabanza que brota de los labios de los pequeñitos y de los niños de pecho has construido una fortaleza, para silenciar al enemigo y al vengativo. ³Cuando contemplo tus cielos, obra de tus dedos, la luna y las estrellas que allí fijaste, ⁴me pregunto: «¿Qué es el hombre para que en él pienses? ¿Qué es el hijo del hombre para que lo tomes en cuenta?». Salmo 8:1-4

1. Tómate un momento para leer en voz alta el **Salmo 8:1-4**. Medita en las palabras mientras lo haces. Después, escribe cualquier impresión que Dios ponga en tu corazón.

Usando las Escrituras y las impresiones que hayan despertado en ti, registra tu propia oración en el espacio proporcionado. Luego léela en voz alta a tu Padre Celestial. Usa la invitación de Jesús para comenzar:

Padre nuestro que estás en los cielos, santificado sea tu nombre,

Amén.

DÍA CUATRO

Tu Reino

"Venga tu reino. Hágase tu voluntad en la tierra como en el cielo".

Los modelos de oración de Jesús se construyen uno sobre otro, llevando naturalmente al siguiente. Saber que nuestro Padre Celestial reina desde Su trono en el Cielo y que Él es todo-poderoso, amoroso, amable y justo, nos hace anhelar que Su Reino tome el control de la tierra. Jesús vino una vez para traernos salvación—libertad de nuestros pecados y de la amenaza de la muerte. Tenemos vida nueva a través de Su muerte en la Cruz. Jesús estuvo tres días en la tumba y luego resucitó victorioso. Su resurrección es la clave de nuestra fe. Tenemos la promesa de que la muerte no es el final para nosotros; solo es nuestra transición a la eternidad en el Cielo. Jesús fue el primero en experimentar la resurrección y algún día nosotros también lo experimentaremos. Antes de que Jesús dejara este planeta y ascendiera nuevamente al Cielo, Él nos dio Su solemne promesa de regresar por nosotros algún día. Esta será la Segunda Venida de Cristo **(Apocalipsis 1:5-8)**. Cuando Jesús regrese, establecerá Su Reino Celestial aquí en la tierra. Vivirá entre Su pueblo para siempre. Su gloria irradiará por toda la ciudad tan brillante como el día. El pecado y la tristeza, la vergüenza y el arrepentimiento, el dolor y el sufrimiento no tendrán lugar en Su Ciudad Santa **(Apocalipsis 21:4)**. Solo habrá bendición abundante, paz constante, gozo desbordante, amor sincero y la presencia de nuestro Señor. Qué hermosa esperanza nos espera en el futuro. Nuestras oraciones confiesan nuestro deseo de que Su Reino venga pronto.

Nuestras oraciones también reconocen nuestro deseo de que Su Reino cobre vida en nosotros y a nuestro alrededor, aquí y ahora. Inmediatamente nos convertimos en ciudadanos del Reino de Dios cuando ponemos nuestra fe en Jesús como Señor y Salvador de nuestras vidas **(Filipenses 3:20)**. El Cielo se convierte en nuestra esperanza y nuestro hogar, y un nuevo anhelo por la justicia toma control. Anhelamos que la justicia de Dios reine en la tierra, y tenemos hambre y sed de que Su justicia gobierne en nuestros corazones **(Mateo 5:6)**. Queremos que Su voluntad se haga en cada asunto. Orar para que Su voluntad se haga en la tierra como en el cielo alinea nuestros corazones con Su voluntad. Dios promete que si tenemos hambre y sed de justicia en nuestras vidas, Él responderá llenándonos.

"En cambio, nosotros somos ciudadanos del cielo, de donde anhelamos recibir al Salvador, el Señor Jesucristo. ²¹Él transformará nuestro cuerpo miserable para que sea como su cuerpo glorioso, mediante el poder con que somete a sí mismo todas las cosas". Filipenses 3:20-21

1. Lee **Apocalipsis 1:5-8** por ti mismo. ¿Cómo te da esperanza para el futuro la promesa del regreso de Jesús?

2. ¿Cómo ha sembrado en ti un anhelo por la justicia que gobierne la tierra ahora?

3. Describe el hambre y la sed que crea en ti.

Escribe una breve oración pidiendo a Dios que te satisfaga.

Oh, Señor, venga tu reino; hágase tu voluntad, así en la tierra como en el cielo,

Amén.

DÍA CINCO

Pan Diario

"Danos hoy nuestro pan de cada día".

Dios es el Creador del cielo y de la tierra, y es el Creador de ti y de mí. Él sostiene el universo tanto de día como de noche, guiando la luna a través del cielo y llamando a las estrellas cada noche. Él hace que el sol salga cada mañana y se ponga cada anochecer. Él mantiene el mundo girando; hace que la lluvia caiga, que las semillas broten y que las estaciones vengan y se vayan. El Señor Dios Todopoderoso es tanto Creador como Sustentador. Él ofrece sustentarnos mientras caminamos con Él, un día a la vez. Él es más que capaz de sostener cada parte de nuestro ser—cuerpo, mente, espíritu y corazón. Él sabe exactamente cómo nos tejió, recuerda cada punto amoroso. Ha registrado cada día de nuestras vidas en Su Libro. Él sabe exactamente lo que necesitamos en cualquier momento dado. Él ve nuestro corazón, conoce nuestras luchas, está al tanto de nuestras circunstancias, necesidades y deseos. No hay mejor lugar ni persona a la que recurrir que a nuestro Proveedor Fiel. No importa dónde estemos o lo que estemos pasando, Él siempre está muy cerca de nosotros **(Salmo 139:1-18)**.

Dios provee de innumerables maneras—Él provee salvación a través de Su Divino Don de Gracia; Él provee conocimiento y sabiduría cuando pedimos y la buscamos. Él provee sanación para nuestros cuerpos heridos, y Él sana nuestros corazones rotos. Él provee fortaleza para los cansados; Él provee consejo y dirección para nuestro viaje. Él provee consuelo y paz cuando descansamos en Su presencia; Él provee amor eterno para llenar todos los anhelos de nuestro corazón. Él provee alimento para nuestros cuerpos y alimento espiritual para nuestras almas. En **Juan 6:35** leemos: *"Yo soy el pan de vida —declaró Jesús."* Él nos muestra el camino para escapar de la tentación. Él provee refugio cuando necesitamos seguridad. Él provee todos los dones, talentos, tesoros y recursos que necesitamos para bendecir a otros y glorificar Su Nombre **(2 Pedro 1:1-4)**.

El pan diario puede representar tantas cosas. Dependiendo del día y lo que estemos enfrentando, nuestra oración por el pan diario tomará un significado diferente. Incluso puede cambiar de mañana a noche. Nuestras necesidades pueden variar y cambiar desde lo físico, hasta lo emocional, mental o espiritual. Podemos aferrarnos a las maravillosas promesas, confiados de que Dios es suficiente para satisfacerlas todas. Él satisface las necesidades que traemos ante Él para nosotros mismos, y las que traemos en nombre de otros.

"Canten al SEÑOR con gratitud; canten salmos a nuestro Dios al son del arpa. ⁸Él cubre de nubes el cielo, envía la lluvia sobre la tierra y hace crecer la hierba en los montes. ⁹Él alimenta a los ganados y a las crías de los cuervos cuando graznan". Salmo 147:7-9 NVI

1. Lee el **Salmo 147:1-20** en tú Biblia. ¿Como fortalece tu corazón el conocimiento de qué Dios es tanto Creador como Sustentador?

2. ¿Qué necesidades tienes hoy que debes traer ante Él?

Ahora convierte tu respuesta a la pregunta anterior en una oración:

Querido Señor, danos hoy el pan nuestro de cada día,

Amén.

DÍA SEIS

Perdónanos

"Perdona nuestras ofensas, así como también nosotros perdonamos a los que nos ofenden ".

Este puede ser el más desafiante de todos los impulsos de oración de Jesús. Es cierto que la primera parte de la súplica es más fácil de profesar que la segunda. El perdón del Señor es muy apreciado y deseado. Y lo necesitamos fresco todos los días. Nuestros pecados son perdonados, y nuestra pizarra se borra en el momento en que aceptamos a Jesús como nuestro Señor y Salvador. Ahora estamos ante Dios vestidos con la justicia de Cristo, envueltos en lino blanco y puro, sin manchas. La perfección de Jesús se nos imputa. Dios nos declara no culpables. Aunque podemos entrar con confianza por las Puertas del Cielo, aún debemos estar ante el tribunal del Señor y rendir cuentas por nuestras acciones **(Romanos 14:10-12)**. El sacrificio de Jesús cubre todos nuestros pecados—pasados, presentes y futuros. Pero estoy seguro de que has notado que, aunque Dios te declara inocente, aún hay días y momentos en los que caes de bruces. Y Él nos pide que tratemos con esos momentos cuando vengan.

Nuestra primera confesión es de fe: *"Si confiesas con tu boca: 'Jesús es el Señor,' y crees en tu corazón que Dios lo levantó de entre los muertos, serás salvo."* **(Romanos 10:9)**. Después de eso, la confesión debe convertirse en una parte regular de nuestras vidas—no para salvarnos, sino para purificarnos y refinarnos continuamente. Cada vez que pecamos, al decir algo que no debemos o hacer algo dañino, se levanta una barrera entre Dios y nosotros. En **Génesis 3:6-10**, leemos cómo el pecado se convirtió en la cerca entre Adán y Eva y Dios—literalmente se escondieron en los arbustos. La pareja disfrutaba de una relación sin obstáculos con el Señor. Caminaban y hablaban libremente con Él en el Jardín del Edén. Una vez que el pecado entró, el arrepentimiento los invadió, e intentaron esconder su vergüenza. Se escondieron de Dios, su amoroso Creador. Esto es lo que esperamos evitar. Al confesar abiertamente nuestros pecados de manera consistente, no les damos la oportunidad de causar división. En cambio, los compartimos con Dios de inmediato para que Él pueda cubrir nuestra vergüenza y ayudarnos a lidiar con las consecuencias. Adán y Eva intentaron cubrir su pecado de manera débil—hojas de higuera que eventualmente se secarían y se desmoronarían. Dios, por otro lado, proporcionó un sacrificio animal y los cubrió con pieles, que duraron mucho más. Por cierto, esto es un presagio de que Dios proveería el sacrificio perfecto de Su Hijo para cubrir completamente nuestro pecado y vergüenza por siempre.

La segunda parte de la oración de Jesús no es tan fácil, y es por eso que Jesús nos da un pequeño empujón adicional. Recordar la gracia que Dios nos muestra debe motivarnos a mostrar gracia también. Nadie es perfecto—por eso vino Jesús.

»Porque si perdonan a otros sus ofensas, también los perdonará ustedes su Padre celestial. ¹⁵Pero si no perdonan a otros sus ofensas, tampoco su Padre perdonará a ustedes las suyas". Mateo 6:14-15

1. Lee el **Salmo 32:1-11** y encuentra las bendiciones de la confesión. ¿Hay algo que necesites confesar y pedirle perdón a Dios?

2. ¿Hay alguien a quien necesites perdonar y entregar a Dios?

Ora ahora y confiesa tus pecados. Dios te perdonará gustosamente. Sus misericordias son nuevas cada día. Ora también para que Dios te ayude a perdonar a cualquiera que necesite tu perdón. Esta es la clave para liberar tu propio corazón de la amargura.

Padre misericordioso, perdona nuestras deudas, así como nosotros hemos perdonado a nuestros deudores,

Amén.

DÍA SIETE

Líbranos del Mal

"no nos dejes caer en la tentación, y líbranos del mal".

Adán y Eva fueron las primeras personas en ser tentadas, y las repercusiones de su decisión nos han afectado desde entonces. Satanás se mantenía oculto, esperando el momento adecuado para traer su engaño. Dios le dijo a la pareja que podían comer de cualquier árbol en el Jardín del Edén con una importante excepción: **Génesis 2:16-17**, *"Y Dios el Señor le ordenó al hombre: Puedes comer de todos los árboles del jardín, 17 pero del árbol del conocimiento del bien y del mal no deberás comer. El día que de él comas, ciertamente morirás.'"* Debido a su desobediencia al mandato de Dios, fueron expulsados del Jardín del y tuvieron que enfrentar las consecuencias. Pero incluso en Su disciplina, vemos la gracia de Dios en acción. Además del árbol del Conocimiento del Bien y del Mal, había otro árbol del que no habían comido: El Árbol de la Vida. Si hubieran comido de este árbol, habrían vivido para siempre en un estado caído separados de Dios. Dios los expulsó del Jardín y puso querubines con una espada ardiente que se movía por todos lados para custodiar el camino que lleva al árbol de la vida para protegerlos de una separación eterna **(Génesis 3:22-24)**. Mientras Dios proclamaba juicios, también prometió un Salvador que vendría a aplastar la cabeza de Satanás **(Génesis 3:15)**.

Nuestros pecados pueden no tener las mismas repercusiones e implicaciones mundiales e históricas que los de Adán y Eva, pero aún dejan su huella—en nosotros y en los demás. Satanás sigue merodeando buscando a quién devorar y extraviar **(1 Pedro 5:8)**, pero afortunadamente Dios es nuestro Defensor. Si nos acercamos a Dios, Él se acercará a nosotros. Si resistimos al diablo, él huirá **(Santiago 4:7-8)**. ¡Eso es una promesa de las Escrituras!

Dios no nos ha dejado desinformados—las Escrituras Bíblicas nos advierten una y otra vez: orar y prepararnos, estar alertas, estar en guardia contra todos los esquemas del enemigo. El diablo conoce nuestras debilidades y debemos estar conscientes de ellas también. Pónte la armadura de Dios y mantén tu terreno santo **(Efesios 6:11)**.

Satanás es nuestro tentador, pero Dios siempre proporciona una salida. Podemos ceder a la tentación o resistirla. Siempre hay una opción, pero sería sabio rendirnos al impulso del Espíritu. Cuando Satanás nos ofrece una zanahoria, no tenemos que morder.

Ora de antemano y entrégalo a Dios en el momento. Ora incluso en voz baja por la fuerza para vencer y resistir. Dios te librará del mal.

Ustedes no han sufrido ninguna tentación que no sea común al género humano. Pero Dios es fiel y no permitirá que ustedes sean tentados más allá de lo que puedan aguantar. Más bien, cuando llegue la tentación, él les dará también una salida a fin de que puedan resistir". 1 Corintios 10:13

1. **1 Corintios 10:1-13** nos advierte contra ceder a la tentación. ¿En qué momentos y circunstancias eres más propenso a ser tentado—ya sea en tus palabras o acciones?

2. ¿Cómo resistes la tentación—en la fuerza de Jesús o en la tuya propia **(Hebreos 2:14-18)**?

Tómate un momento para escribir una oración pidiéndole a Dios que te ayude a reconocer la tentación y luego librarte de ella.

Dios Todopoderoso, no nos dejes caer en tentación, mas líbranos de mal.

Amén.

"¡Aclamen alegres al SEÑOR, habitantes de toda la tierra!

² ¡Adoren al SEÑOR con regocijo!

Preséntense ante él con cánticos de júbilo.

³ Reconozcan que el SEÑOR es Dios;

él nos hizo y somos suyos.

Somos su pueblo, ovejas de su prado.

⁴ Entren por sus puertas con acción de gracias;

vengan a sus atrios con himnos de alabanza.

¡Denle gracias, alaben su nombre!

⁵ Porque el SEÑOR es bueno, su gran amor perdura para siempre

y su fidelidad permanece por todas las generaciones".

Salmos 100:1-5

SEMANA DOS

Adoración

"Padre nuestro que estás en el cielo, santificado sea tu nombre".

Día 1: Dios es Creador

Día 2: Dios es Eterno

Día 3: Dios es Santo

Día 4: Dios es Amor

Día 5: Dios es Misericordioso

Día 6: Dios es Digno

Día 7: Dios es Poderoso

DÍA UNO

Dios es Creador

"En el principio Dios creó los cielos y la tierra". Génesis 1:1

La Biblia comienza con la proclamación indiscutible de que ¡Dios creó! Nuestro Creador habló los cielos y la tierra a la existencia con solo una palabra. Separó la luz de la oscuridad, el día de la noche. Puso el sol, la luna y las estrellas para que brillaran en el cielo. Creó la atmósfera que rodea nuestro planeta para protegernos de la vasta extensión de galaxias. Creó el entorno perfecto para que el resto de Su creación sobreviva y prospere. Creó tierra firme y mares que llegan a las orillas; plantas exuberantes y flores fragantes; frutas deliciosas y vegetales diversos que proporcionan comida saludable para comer. Creó animales, aves, reptiles, peces y mamíferos acuáticos de todas las formas y tamaños. Dios anunció que toda Su creación era buena. Pero Su creación culminante fue la humanidad, Su amada humanidad. Su creación culminante nos incluye a ti y a mí. Fuimos hechos a Su imagen—la misma imagen de Dios. Fuimos creados para reflejar Su gloria en la tierra.

Dondequiera que miremos, vemos evidencia que nos señala a nuestro Creador. Las cosas no surgieron por sí solas, y nada fue accidental. La creación fue el plan perfecto de Dios. Se prestó gran atención e intención a cada detalle. Él lo trajo todo a la existencia según Su perfecta voluntad.

Adorar a Dios comienza reconociéndolo como nuestro Creador. Él es el arquitecto de todo lo que nuestros ojos pueden ver y todo lo que está más allá de nuestro alcance y vista. Una manera maravillosa de encontrar inspiración para nuestras oraciones de adoración es simplemente abrir los ojos y mirar a nuestro alrededor. Toda la creación da testimonio de la gloria de Dios—el dosel celestial sobre nuestras cabezas, las hojas de césped húmedas bajo nuestros pies, la arena granulada que se aprieta entre nuestros dedos. La amplia variedad de flores con una variedad de colores y aromas. Los diferentes tonos de verde en las ramas de los árboles mientras se balancean. El viento invisible que roza nuestra cara. El sol radiante que calienta nuestra piel. Copos de nieve que aterrizan suavemente en nuestras pestañas. Salir a caminar y maravillarse de la naturaleza seguramente inspirará nuestras alabanzas. Si el clima o tus circunstancias te impiden salir al aire libre, siempre puedes observar cómo las estaciones se acercan y se desvanecen lentamente desde la comodidad de tu hogar. Podrías ver ardillas corriendo y aves volando, y tal vez una incluso se posará en tu alféizar para saludarte.

Además de contemplar la belleza de la naturaleza, encontramos gran inspiración para nuestras oraciones al considerar cómo Dios nos hizo. Podemos alabar a Dios por la manera en que formó magistralmente nuestros cuerpos. Hizo que todo nuestro ser funcione junto con precisión perfecta—nuestro corazón, pulmones y muchos otros órganos que sostienen nuestra vida. Ojos, oídos, nariz y boca que nos proporcionan nuestros sentidos; nuestra piel, cabello y uñas; brazos y piernas, manos y pies. ¡Y encima de todo eso, nos dio cerebros extremadamente complejos! ¡Y cada parte funciona perfectamente junta! ¡Increíble!

1. Por favor, lee **Génesis 1:1-31** y toma nota de todo lo que Dios creó y cómo lo trajo a la existencia.

2. ¿Cómo te inspira la naturaleza a adorar al Señor? ¿Qué hay del milagro de la vida que Él te dio?

Usemos nuestro aliento dado por Dios para alabarlo. Convierte tus observaciones en una oración de adoración a tu Creador:

Creador Magistral,

Amén.

DÍA DOS

Dios es Eterno

«Yo soy el Alfa y la Omega —dice el Señor Dios—, el que es y que era y que ha de venir, el Todopoderoso». Apocalipsis 1:8

La existencia eterna de Dios lo confirma como Creador. Su naturaleza eterna se entrelaza perfectamente con Su carácter santo y todopoderoso. La esencia y la suma de todos Sus atributos se entretejen de forma hermosa, demostrando que solo Dios es digno de nuestra alabanza. En los próximos días, continuaremos observando cada una de Sus características, pero hoy dirigiremos nuestra adoración a Dios *Eterno*.

Dios es eterno, está fuera de la historia tal como la conocemos. La Biblia se refiere a Él como el Anciano de Días **(Daniel 7)**, y las Escrituras nos dicen que es desde los días antiguos, tan antiguos que no podemos comprenderlos **(Isaías 43:13)**. No tiene principio ni fin, y aun así, es el autor de todo el tiempo y el espacio. **Apocalipsis 22:13** proclama: «Yo soy el Alfa y la Omega, el Primero y el Último, el Principio y el Fin». Al estar fuera de los límites de los años y las estaciones, le agrada darnos el tiempo como un medio para marcar y señalar nuestras vidas. Ha creado un tiempo para todo bajo el sol: nacimiento y muerte, llanto y risa, duelo y danza **(Eclesiastés 3:1-8)**. ¡Él está presente con nosotros en todo!

Toda la creación está completamente descubierta y expuesta ante Él. Él ve y conoce cada momento que ha ocurrido en el pasado y percibe cada segundo que está por venir. Aunque está por encima y más allá de cada época y era, Él está presente con cada generación. **Éxodo 34:5-6** dice: *«El Señor descendió en la nube y se puso junto a Moisés. Luego le dio a conocer su nombre: ʻpasando delante de él, proclamó: —El Señor, el Señor... ».*

Me parece verdaderamente asombroso que Dios sea eterno y, aun así, se incline para involucrarse en nuestras vidas. No solo conoce lo que ocurrió en el pasado, lo que está sucediendo en el presente y lo que vendrá en el futuro; también está íntimamente involucrado. El Señor rescata y responde; Él es nuestra fuerza y nuestra esperanza. Dispersa a nuestros enemigos y extiende Su mano desde lo alto solo para traernos consuelo. ¡Él es nuestra Roca, nuestro Libertador, nuestro

Escudo y nuestra Salvación! Es maravilloso pensar que nuestro Dios Eterno se deleita en nosotros y elige acercarse.

Dios Eterno descendió del cielo y nació en un pesebre. Se revistió de carne humana. Jesús es Emanuel, Dios con nosotros **(Mateo 1:23)**.

1. Por favor, lee **Apocalipsis 4:1-11** y anota tu impresión sobre la escena en el cielo.

2. Ahora dirígete al **Salmo 18:1-19** y recibe las palabras de consuelo del Señor. ¿Cómo te hace sentir saber que Dios deja Su Templo en el cielo para venir a rescatarte? **(versículos 6, 9, 16)**

Observa cómo estas Escrituras describen la naturaleza eterna de Dios, y también cómo Su poder y Su misericordia convergen perfectamente. Aunque Dios es eterno, también está presente contigo en el momento actual. Usa estos versículos para guiar tus oraciones «*Santo, santo, santo es el Señor Dios Todopoderoso, el que era y que es y que ha de venir*». **(Apocalipsis 4:8)**.

Señor Dios Todopoderoso,

Amén.

DÍA TRES

Dios es Santo

"¡Exalten al Señor nuestro Dios! ¡Póstrense ante su santo monte! ¡Santo es el Señor nuestro Dios!" Salmo 99:9

La palabra *santo* describe la singularidad de Dios. Significa estar apartado, ser distinto, incomparable, diferente del mundo, distinguido, sagrado. Dios es, sin duda alguna, santo—Él es totalmente diferente a ti y a mí. ¡Gracias a Dios por eso! No es tentado por el pecado, no se ve amenazado por la muerte, no se altera con los problemas, nunca se consume de preocupación o temor. El dolor no es un problema; la vejez no existe para Él. No se ve afectado por las preocupaciones que afectan a toda la humanidad. Es sin pecado, perfecto, eterno, soberano, omnisciente, autosuficiente, omnipresente—nada de esto puede decirse de las personas. Dios está por encima, más allá, y es mayor que el hombre. **Éxodo 15:11** plantea esta pregunta retórica: *«¿Quién, Señor, se te compara entre los dioses? ¿Quién se te compara en grandeza y santidad? Tú, Hacedor de maravillas, nos impresionas con tus portentos".*

Dios no es como los seres humanos en que Él nunca cambia de opinión y le es imposible mentir **(1 Samuel 15:29)**. Todo lo que hay en el cielo y en la tierra le pertenece; Él está exaltado como cabeza sobre todo **(1 Crónicas 29:11)**. Su gloria irradia por los cielos y llena la tierra. Su Nombre debe ser alabado por encima de todos los nombres. El **Salmo 29:2** nos exhorta: *«Tributen al Señor la gloria que merece su nombre; adoren al Señor en la hermosura de su santidad.»*

¿No te alegra no depender de un Dios vulnerable y propenso a las mismas debilidades, dudas e inestabilidad que tú? ¡Yo sí! Él no cambia como las sombras que se mueven sobre el pavimento al subir y bajar el sol; no es arrastrado por la corriente ni por las olas. No se deja llevar por los vientos cambiantes de la cultura. Las emociones no lo dominan. Él es estable, firme y seguro; digno de confianza y justo. Sus caminos están por encima de los nuestros; Su sabiduría es mayor que la de la mente más brillante. La lista sigue y sigue respecto a cómo la santidad de Dios lo hace diferente de nosotros.

Aunque Dios es santo en un nivel completamente distinto, también nosotros estamos llamados a ser santos. Además de ser santo, Dios es también nuestro amoroso Padre. Dios quiere que Sus hijos busquen la santidad para que lo representemos con precisión mientras vivimos en este planeta. Su Reino es un reino de justicia santa, y a ese Reino es al que verdaderamente pertenecemos. Jesús nos exhortó *a estar en el mundo pero no ser del mundo*. Estamos llamados a una vida de santidad—para ser separados y distintos como seguidores de Cristo **(Juan 17:15-17)**.

Vivir según la Palabra de Dios y alinear nuestras vidas a Su voluntad nos santifica y nos aparta para Su propósito.

1. Por favor, lee **Éxodo 20:1-21** para ver las Leyes de Dios. Estas están destinadas a ayudarnos a alinear nuestras vidas con Su santidad. Tal vez las reconozcas como Los Diez Mandamientos. Los primeros mandamientos establecen la santidad en nuestra relación con Dios. Los demás detallan los mandamientos para una vida santa en relación con los demás. (Consulta **Mateo 22:37-40** para el resumen que hace Jesús de la Ley). ¿Cómo te ayudan estos mandamientos a comprender mejor la santidad de Dios y lo que Él desea de ti?

Tómate un momento para orar y alabar a Dios por Su santidad. Agradécele por ser único, incomparable, distinto y sagrado. Pídele que te ayude también a ser santo.

Querido Padre Santo,

Amén.

DÍA CUATRO

Dios es Amor

«El que no ama no conoce a Dios, porque Dios es amor.» 1 Juan 4:8

Si alguna vez te preguntas cómo es el amor, solo recuerda la Cruz del Calvario. Dios entregó a Su Hijo para recibir el castigo que nuestros pecados merecen **(Juan 3:16)**. Los brazos extendidos de Jesús revelan hasta qué extremos llegó Dios para llevarnos a una relación con Él. ¡Este amor está más allá de mi comprensión, pero estoy inmensamente y eternamente agradecido por él! La esencia misma de Dios es el amor, y todo amor verdadero fluye directamente de Él. Nuestra capacidad y disposición para amar a menudo dependen de nuestras emociones o se basa en cuán satisfechos estamos con la otra persona. El amor de Dios, en cambio, se basa en Su compromiso inmutable e incondicional, no en nuestro comportamiento. Él es amor: la bondad y la pureza del amor están completamente envueltas en Él. Su amor nos sigue todos los días de nuestra vida—nos persigue, nos conquista y nos invita **(Salmo 23:6)**. Perdona y ve lo mejor en nosotros. Su amor restaura y redime lo que se ha perdido. Su amor inunda nuestros corazones y vigoriza nuestro espíritu. El amor de Dios es grande e infalible. Es extravagantemente sacrificial, lo merezcamos o no.

1 Corintios 13:4-8 nos pinta un cuadro vívido del amor de Dios por nosotros:

«El amor es paciente, es bondadoso. El amor no es envidioso ni presumido ni orgulloso. ⁵No se comporta con rudeza, no es egoísta, no se enoja fácilmente, no guarda rencor. ⁶El amor no se deleita en la maldad, sino que se regocija con la verdad. ⁷Todo lo disculpa, todo lo cree, todo lo espera, todo lo soporta. ⁸El amor jamás se extingue.»

Así es como Dios nos ama. Su amor no deja espacio para la inseguridad ni el miedo—Él no nos rechazará **(1 Juan 4:18)**. Su amor es absolutamente perfecto en todos los sentidos. Nunca nos deja con carencias, sino que satisface todas las necesidades y deseos de nuestro corazón. Dios se deleita en ser Aquel a quien acudimos, Aquel con quien compartimos nuestro corazón, nuestras alegrías y nuestras preocupaciones. Con demasiada frecuencia, nuestros afectos están mal dirigidos o no son correspondidos; Dios siempre es una elección segura para depositarlos. La próxima vez que te sientas no deseado o no amado, corre a los brazos amorosos del Señor—¡Él está esperando para abrazarte!

He oficiado un par de ceremonias de matrimonio—una para mi hermana y su esposo, y otra para mi tía y su esposo—usando estos versículos de **1 Corintios 13**. Mientras leía las Escrituras, me aseguré de enfatizar que este tipo de amor solo es posible con Dios obrando en nosotros y fluyendo a través de nosotros.

1. Para ver una manifestación clara del amor de Dios, por favor lee **Juan 3:16-17**. ¿Qué significa para ti este amor?

2. Por favor, lee **1 Juan 4:7-21** para escuchar las exhortaciones del Señor hacia nosotros en respuesta a Su amor. ¿Qué respuesta requiere el Señor?

Ahora es el momento de alabar a Dios. Alábalo por Su amor incondicional. Dale gracias porque Su amor nunca falla. Pídele que te llene de Su amor y te ayude a derramarlo con mayor libertad.

Mi Dios Amoroso y Fiel,

Amén.

DÍA CINCO

Dios es Misericordioso

«Sin embargo, es tal tu compasión que no los destruiste ni abandonaste, porque eres Dios misericordioso y compasivo.» Nehemías 9:31

Cuando Adán y Eva mordieron el fruto prohibido aquel día en el Jardín del Edén, Dios pudo haber dicho: *Les advertí, qué lástima, ahora tendrán que lidiar con las consecuencias por su cuenta.* ¡Pero no lo hizo! En su lugar, sacrificó animales en su nombre y les hizo vestiduras de piel para cubrir su desnudez y su vergüenza. Les dio promesas a las cuales aferrarse: enviaría a un Salvador para pagar el precio de su transgresión y salvar a toda la humanidad de la muerte y del pecado (Génesis 3:15, 21). Generaciones después, cuando la nación de Israel le dio la espalda a Dios, abandonó sus caminos justos, adoró ídolos inútiles y fue llevada cautiva a tierras extranjeras lejanas, el Señor Dios Todopoderoso pudo haber sacudido la cabeza y dicho: *Tienen lo que se merecen—ahora vivan con eso.* ¡Pero no lo hizo! Envió profetas al pueblo, exhortándolos al arrepentimiento una y otra vez. Dios atrajo los corazones del pueblo hacia Él, y los restauró a la Tierra Prometida **(Daniel 1:1-2, Esdras 1, Nehemías 2)**. Dios es un Dios que cumple pactos y nunca rompe Sus promesas. Envió a Su Hijo Jesucristo para redimir a la humanidad, tal como había dicho que lo haría, y libró a Su amado Israel conforme a Su pacto **(Juan 3:16-18 y Génesis 15:18)**. ¡Sí, Dios es verdaderamente misericordioso con aquellos que se vuelven a Él!

Dios no solo ha sido misericordioso con personas del pasado, sino también contigo y conmigo. No nos da lo que merecemos—Se abstiene de juzgarnos y retiene Su ira. En el momento en que ponemos nuestra fe en Jesús y lo proclamamos como Señor y Salvador, Dios perdona nuestros pecados y los aleja de nosotros tanto como el oriente está del occidente **(Salmo 103:12)**. ¡Amén! Su misericordia retiene el castigo, y Su gracia derrama una aceptación generosa. No hay nada que podamos hacer humanamente para merecer esta grandeza—simplemente aceptamos Su regalo por fe y damos un giro a nuestras vidas en arrepentimiento. Ser salvos por Su misericordia nos impulsa a apartarnos del pecado y movernos hacia la santidad en total rendición. La Palabra de Dios dice: *«Sean santos, porque yo soy santo.»* **(1 Pedro 1:14-16 y Levítico 11:44-45)**

La adoración, la gratitud, el honor y la santidad son nuestras respuestas instintivas.

1. Por favor abre tu Biblia en **Efesios 2:1-10** y lee sobre la gran misericordia del Señor. Toma nota de todas las bendiciones que recibimos gracias a Su abundante misericordia.

2. ¿Cómo te impacta personalmente la generosa misericordia de Dios?

«¡El SEÑOR vive! ¡Alabada sea mi Roca! ¡Exaltado sea el Dios de mi salvación!»

Salmo 18:46

Reflexiona sobre la misericordia y la gracia del Señor y escribe una oración de adoración en respuesta. Agradécele por tu nueva vida en Cristo y pídele que te ayude a vivir para Él en gratitud.

Mi Salvador Misericordioso,

Amén.

DÍA SEIS

Dios es Digno

«Digno eres, Señor y Dios nuestro, de recibir la gloria, la honra y el poder, porque tú creaste todas las cosas; por tu voluntad existen y fueron creadas». Apocalipsis 4:11

Solo Dios es digno de nuestra adoración. Él merece toda honra, gloria y alabanza. Sin embargo, con demasiada frecuencia nos inclinamos ante dioses de menor poder y valor **(Deuteronomio 11:16)**. Nuestra adoración y devoción se dirigen a nuestras relaciones, al éxito, al poder, al dinero, a otras personas como cónyuges, hijos, pastores, políticos o celebridades a quienes colocamos en pedestales **(2 Reyes 17:41)**. Depositamos toda nuestra confianza, seguridad, esperanzas y sueños en ellos. Y cuando esas personas o cosas no cumplen nuestras expectativas y caen de los lugares altos en que los pusimos, nos sorprendemos. Nada ni nadie jamás se comparará con el Señor, y Él nos manda no adorar ídolos ni otros dioses junto a Él **(Éxodo 23:24)**. Solo Él puede satisfacernos por completo. Solo Él es suficiente para todas nuestras necesidades. Solo Él creó todas las cosas, y sostiene todo lo que existe. Él ha triunfado sobre el pecado y la muerte. Ha pagado el precio de nuestros pecados y ha roto las cadenas que antes nos mantenían en esclavitud—¡nos ha hecho libres! Nada ni nadie más en quien pudiéramos depositar nuestra fe puede hacer eso.

Los ángeles se reúnen alrededor de Su glorioso trono día y noche para cantar Sus alabanzas sin fin. Los demonios están bajo la autoridad suprema de Dios y tiemblan ante el sonido de Su Nombre. Un día, Él pronunciará juicio sobre el pecado que abunda en la tierra, sobre Satanás y todos sus seguidores. Justificará y redimirá a aquellos cuyos nombres están escritos en Su Libro de la Vida—y seremos recibidos para siempre en las puertas del Cielo **(Apocalipsis 3:5)**.

Jesús es el Cordero de Dios que quita los pecados del mundo. Él está por encima de todo—¡todo está bajo Su dominio! **(Efesios 1:21-23)**

Deja de buscar, cesa de esforzarte en vano. Inclínate ante el Señor en adoración y ¡verás cómo tu corazón se eleva!

«Y oí a cuanta criatura hay en el cielo, en la tierra, debajo de la tierra y en el mar, a todos en la creación, que cantaban: «¡Al que está sentado en el trono y al Cordero, sean la alabanza y la honra, la gloria y el poder, por los siglos de los siglos!» Apocalipsis 5:13

1. Por favor, consulta **Apocalipsis 5:1-14** y lee más sobre la dignidad del Señor. (Jesús es tanto el León como el Cordero). Escribe el **versículo 5:9** y anota lo que esto significa para ti. El rollo representa el juicio de Dios sobre la tierra y sobre todos aquellos que lo han rechazado.

2. ¿Cómo te inspira la adoración en el Cielo a adorar tú también? Literalmente nos unimos al coro celestial de alabanza.

Adora al Señor por ser digno de toda alabanza. Expresa tu gratitud a Dios por rescatarte del juicio y por incluirte en Su Reino.

Al que está sentado en el Trono y al Cordero, Solo Tú eres digno de alabanza,

Amén.

DÍA SIETE

Dios es Poderoso

«Habla el SEÑOR, el Dios poderoso:

convoca a la tierra de oriente a occidente.» Salmo 50:1

Cuando piensas en la palabra "poderoso", ¿quién o qué viene a tu mente? ¿Superhéroes como Superman y Hulk? ¿Héroes cotidianos como bomberos y policías? ¿O quizá los mares embravecidos, los vientos huracanados, los incendios forestales descontrolados, las erupciones volcánicas o terremotos de magnitud 10? Aunque cada uno de nosotros puede imaginar algo diferente, probablemente todos asociamos el poder con la valentía, la fuerza y la energía. No hay nadie más fuerte que nuestro Señor Dios Todopoderoso. Él puede calmar los mares agitados o agitarlos aún más; puede apagar una llama con lluvia del cielo o avivar el fuego aún más. No hay nada demasiado grande o difícil para que Dios lo enfrente. Cuando David luchó contra el gigante Goliat, no fue por su propia fuerza que salió vencedor. Él sabía que la batalla pertenecía al Señor y confiaba en que Dios le daría la victoria **(Salmo 24:8; 1 Samuel 17)**. Y sí, Dios ciertamente lo hizo—con el poder de Dios obrando en él y a través de él, David derribó al gigante con solo una honda y una piedra. La armadura que los soldados le ofrecieron no le quedaba, así que parecía que enfrentaba al gigante vulnerable y desprotegido. ¡Pero David llevaba puesta la Armadura de Dios! **(Efesios 6:11)**

El poder de Dios mueve montañas—tanto las laderas cubiertas de frondosos bosques, como los obstáculos que surgen en nuestras vidas. Dios Todopoderoso partió el Mar Rojo con un viento tan poderoso que Moisés y los israelitas lo cruzaron en seco **(Éxodo 14:29-31)**. Los protegió de los egipcios que los perseguían y los llevó a la Tierra Prometida. Dio éxito a los israelitas cuando enfrentaron a las naciones paganas a su alrededor. Dios incluso derribó los muros de la ciudad fortificada de Jericó mediante la adoración y alabanza de su pueblo. No tuvieron que levantar una sola arma ni mover un dedo. ¡Solo levantaron sus voces con gritos de victoria! ¡Dios es poderoso!

Cuando caminamos con el Señor Dios Todopoderoso, Él también nos da la victoria. Hace que caigan muros, que se abran puertas de prisión, que se rompan cadenas; aquello que antes nos tenía cautivos ya no tiene poder ni control sobre nosotros.

Efesios 1:19-20 nos dice: «*y cuán incomparable es la grandeza de su poder a favor de los que creemos. Ese poder es la fuerza grandiosa y eficaz ²⁰que Dios ejerció en Cristo cuando lo resucitó de entre los muertos y lo sentó a su derecha en las regiones celestiales ...*»

¡Eso sí que es poder! El mismo poder que Dios Padre exhibió al resucitar a Cristo de entre los muertos, es el mismo poder que obra por, en y a través de nosotros. Poder de resurrección—Él da vida a cada área de nuestras vidas si decidimos creerlo y recibirlo. ¡Eso sí que levanta el ánimo!

«Por último, fortalézcanse con el gran poder del Señor.» Efesios 6:10

1. Por favor, lee **Efesios 1:15-23**. ¿Cómo te fortalece conocer a Dios y la esperanza que Él promete? ¿Es Él tu fortaleza en tiempos de dificultad?

2. ¿Estás viviendo en la realidad del poder de Dios, que obra por y en ti? Explica.

Escribe una oración de adoración a Dios Todopoderoso. Dale gracias por Su poder que te salva. Pídele que te ayude a caminar con confianza, basado en el poder que Él ha depositado en ti.

Poderoso Dios, Señor mío,

Amén.

"Bueno y justo es el Señor;

por eso les muestra a los pecadores el camino.

⁹Él dirige en la justicia a los humildes,

y les enseña su camino.

¹⁰Todas las sendas del Señor son amor y verdad

para quienes cumplen los mandatos de su pacto.

¹¹Por amor a tu nombre, Señor,

perdona mi gran iniquidad".

Salmo 25:8-11

SEMANA TRES

Sumisión

"Venga tu reino. Hágase tu voluntad en la tierra como en el cielo."

Día 1: La Autoridad de Dios

Día 2: Ven, Espíritu Santo

Día 3: Pidiendo Guía

Día 4: Buscando la Voluntad de Dios

Día 5: Confiando en Su Plan

Día 6: Obediencia Inmediata

Día 7: Rendición Completa

DÍA UNO

La Autoridad de Dios

Reconocer la autoridad suprema de Dios en este mundo nos lleva a una posición de humildad y nos guía hacia la sumisión. Nuestra rendición total abre la puerta para que el Señor derrame abundantes bendiciones en nuestras vidas. Es un gozo y un privilegio someternos al Señor—Él no es severo; Él es amoroso, bueno, amable y lleno de gracia. Él gobierna con autoridad soberana y reina con justicia perfecta. Su Reino está por encima de todos los reinos de la tierra, pasados, presentes y futuros **(Efesios 1:21)**. Su señorío está por encima de todo rey, presidente, dictador y gobernante terrenal. Él es todopoderoso y tiene control sobre cada ángel y demonio. Ante Su glorioso Nombre, toda rodilla se doblará algún día en reverencia **(Filipenses 2:9-11)**. Estoy eternamente agradecida de haber sido invitada y aceptada en Su Morada Celestial, donde tú y yo habitaremos para siempre. Someterse a la autoridad de Dios comienza con reconocer nuestra propia carencia espiritual—nuestra falta de justicia y la necesidad desesperada de un Salvador del cielo. Una vez que reconocemos esta necesidad y clamamos a Jesús, se nos asegura la entrada al Reino de los Cielos. Convertirnos en hijos de Dios nos hace conscientes de nuestro pecado y esto nos lleva a lamentar nuestra condición defectuosa. Pero Dios es tan bueno; Él responde a nuestro lamento con Su consuelo lleno de gracia. Nos da la bienvenida a pesar de nosotros mismos, nos limpia y nos pone en marcha en la dirección correcta. Encontramos consuelo al saber que nuestros pecados han sido eliminados y hemos sido lavados completamente. ¡Esa es una seguridad maravillosa para mí! ¡Y estoy seguro de que también lo es para ti!

La palabra "manso" no suele considerarse un atributo positivo—a menudo se asocia con debilidad de carácter o con alguien que se deja pisotear. Pero esa no es la manera en que la Biblia la aplica. Manso, como lo usa Jesús en los siguientes versículos, describe a alguien que ejerce su fuerza, pero la somete al control de Dios. Jesús promete que los mansos—los que se someten a la autoridad del Padre en sus vidas—heredarán la tierra. Tal vez no quieras heredar la tierra en su condición actual y quebrantada, pero algún día Dios la renovará. Será perfecta, hermosa y libre del pecado. ¡Entonces será un tesoro digno de heredar!

La sumisión también requiere que dejemos de lado nuestras búsquedas, pasiones y deseos pecaminosos. Más bien, debemos buscar las cosas de Dios. Nuestra hambre y sed de Su justicia serán saciadas con una plenitud que rebosa. Rendirse a Dios es reconocer que dependemos de Él. Depende de Su fuerza, poder y protección. Lo confiesa como Rey de reyes. Someterse al Señor no es opresivo; trae una paz y libertad abundantes **(Salmo 37:11)**.

Jesús dijo:

«Dichosos los pobres en espíritu, porque el reino de los cielos les pertenece.

⁴Dichosos los que sufren, porque serán consolados.

⁵Dichosos los humildes, porque recibirán la tierra como herencia.

⁶Dichosos los que tienen hambre y sed de justicia, porque serán saciados".

(Mateo 5:3-6)

1. Lee **Mateo 5:1-12** para escuchar a quién llama Jesús bienaventurado, y las bendiciones que Él derrama. ¿Qué significa para ti la sumisión a la autoridad de Dios?

2. ¿Dirías que te has rendido completamente a Él?

Somete ahora tu corazón y tu vida a la autoridad de Dios. Allí te espera consuelo, paz y verdadera satisfacción.

Rey de reyes, Señor de señores,

Amén.

DÍA DOS

Ven, Espíritu Santo

¡Dios es el Dador de todos los mejores regalos! Cada regalo que Él da es perfecto, siempre encaja, y cambiarlo no es una opción **(Santiago 1:17)**. ¡No hay nada mejor! Primero, nos da el regalo de la salvación por medio de Su Hijo Jesucristo. En segundo lugar, nos da el regalo de Su Espíritu Santo, quien nos sella como Su posesión adquirida **(2 Corintios 1:22; Efesios 1:13)**. En el momento en que decimos sí a Jesús, el Espíritu Santo viene a morar en nuestros corazones, ¡y trae muchas bendiciones consigo! Nos sella y luego nos llena. **Efesios 1:3** dice: *"¡Bendito sea Dios, Padre de nuestro Señor Jesucristo, que nos ha bendecido en las regiones celestiales con toda bendición espiritual en Cristo!"* **2 Pedro 1:3** afirma nuestras bendiciones y nos muestra la razón por la cual se nos conceden: *"Su divino poder, al darnos el conocimiento de aquel que nos llamó por su propia gloria y excelencia, nos ha concedido todas las cosas que necesitamos para vivir con devoción."* Dios nos provee de todo lo que necesitamos para una vida piadosa—eso incluye alejarnos del pecado, seguir Su propósito y glorificar Su Nombre con nuestras vidas.

Cuando el Espíritu Santo viene a habitar en nuestros corazones, trae consigo paz, esperanza y gozo. Él nos consuela en medio de las pruebas y tribulaciones. Nos recuerda las enseñanzas de Jesús cuando nuestra mente comienza a divagar **(Juan 14:26)**. Nos convence de pecado y nos guía por el camino eterno de Dios. El Espíritu Santo también viene con paquetes maravillosos y útiles llamados dones espirituales **(1 Corintios 12:1-31)**. Sí, ¡más regalos! —que deben ser usados para beneficiar y edificar la iglesia y bendecir a todos los que nos rodean. El Espíritu Santo es un regalo sobrenatural y lleno de gracia que proviene de Dios; debemos someternos a Su propósito y guía en nuestras vidas cada día. El Espíritu Santo de Dios siempre nos guía hacia lugares de mayor bendición; podemos confiar en Él completamente. Siempre tiene lo mejor para nosotros—Su meta es hacernos cada vez más parecidos a Jesús **(Romanos 8:29)**. ¡Me encanta ese propósito!

A medida que el Espíritu Santo trabaja en nuestros corazones, mentes y vidas, puede mostrarnos cosas que preferiríamos no ver, puede revelarnos un plan que preferiríamos no seguir, o exhortarnos de maneras que no queremos escuchar. Pero siempre es para nuestro bien atender Su voz y Sus suaves impulsos. Si lo ignoramos, podríamos acercarnos demasiado al peligro; o podríamos decir y hacer cosas que nos dañen a nosotros mismos o a los demás. A donde sea que el Espíritu Santo nos lleve, podemos confiar en que nunca nos llevará a un lugar de arrepentimiento. Levanta la mano si quieres evitar el arrepentimiento futuro. ¡Yo también!

La Escritura nos advierte que no debemos *entristecer* al Espíritu Santo con nuestra desobediencia, ni *apagar* Su fuego al ignorar Sus impulsos—y como siempre, con buena razón **(Efesios 4:30; 1 Tesalonicenses 5:19)**.

Así que, rindámonos completamente a la obra del Espíritu Santo, comenzando aquí y ahora.

1. Por favor, lee **Juan 14:15-21** para escuchar la promesa de Jesús de enviar al Espíritu Santo. ¿Cómo describe Jesús al Espíritu? ¿Cómo nos une el Espíritu Santo con Dios el Padre y con Jesús el Hijo **(Juan 14:17, 20)**?

2. Ve a **1 Corintios 6:19-20** y observa cómo debemos considerarnos a nosotros mismos. ¿Cómo te anima esto a rendirte completamente al Espíritu Santo?

Haz una pausa ahora y da gracias a Dios por Su Espíritu Santo. Pídele que te ayude a oír, escuchar y confiar en Sus caminos, y que tengas disposición para obedecer Su guía.

Señor, que Tu Espíritu Santo venga, haz Tu voluntad en mí,

Amén.

DÍA TRES

Pidiendo Guía

El orgullo a menudo se interpone en el camino de pedir guía; la humildad admite nuestra necesidad de ayuda y reconoce que no lo sabemos todo ni lo tenemos todo bajo control. Estas verdades difíciles no son fáciles de aceptar. Asumimos que somos expertos en todo, pero Dios sabe que no es así. Las debilidades no son motivo de vergüenza—todos en este planeta las tienen. Dios es el único que es perfecto, y Él tiene el plan maestro. Conoce las zonas del mapa que están ocultas a nuestra vista; está al tanto de las curvas y giros en el camino por delante. Él ve las colinas y los valles, los baches y los charcos. Es sabio y bueno pedirle direcciones. No importa cuánto sepamos, Él siempre sabe más.

Humillémonos y pidamos al Maestro. Él nos tejió y formó en el vientre de nuestra madre; cada día de nuestra vida ya está escrito en Su Libro **(Salmo 139:13-18)**. Él estuvo presente cuando dimos nuestros primeros pasos; estará con nosotros cuando tomemos nuestro último aliento; y algún día estará allí para darnos la bienvenida en el Cielo. El Señor ha contado los cabellos de nuestra cabeza y ha registrado nuestras lágrimas en Su libro **(Lucas 12:7; Salmo 56:8)**. Él conoce íntimamente los deseos de nuestro corazón—todas las alegrías y los dolores. Dios conoce nuestros sueños porque Él los puso allí. Nos dio nuestros dones, talentos y habilidades con un propósito. La condición de nuestras relaciones no es una sorpresa para Él. El trabajo en el que nos desempeñamos o el ministerio en el que servimos están todos bajo el ojo atento de Dios. ¡Nuestro Creador nos conoce mejor de lo que nos conocemos a nosotros mismos!

Solo Dios sabe qué dirección debemos tomar, por qué puertas debemos pasar y cuáles deben permanecer cerradas. ¡Si está cerrada, no intentes forzarla! El **Salmo 143:10** es una oración que podemos hacer: *"Enséñame a hacer tu voluntad, porque tú eres mi Dios. Que tu buen Espíritu me guíe por un terreno firme."* Buscar la dirección de Dios, escuchar Su voz y luego obedecer Su llamado siempre nos conducirá por el camino correcto. Cuando Él dice espera, debemos hacer una pausa pero mantenernos atentos. Cuando dice ve, es hora de amarrarse los zapatos. Cuando nos dice quédate, debemos mirar alrededor y preguntarle qué quiere hacer en ese lugar. A veces Él guía con un fuego resplandeciente, otras veces con una nube que se extiende. A donde sea que Él nos guíe, podemos estar seguros de que Su protección va delante de nosotros, y

Él es nuestra retaguardia **(Isaías 58:8)**. Al seguir al Señor, puede que nos pida dejar cosas atrás—ídolos, relaciones, trabajos, comodidad y conveniencias. Puede llevarnos a lugares fuera de nuestra zona de confort. En lugar de quejarnos, debemos confiar. Dios solo nos guiará hacia lugares buenos y abundantes. Jesús nos asegura que todo lo que dejemos por Su causa, recibiremos cien veces más y heredaremos la vida eterna **(Mateo 19:29)**. ¡Eso es un intercambio generoso!

1. En **Números 9:15-23** leemos la historia de la salida de los israelitas de Egipto. Dejaron atrás la vida que conocían; siguieron al Señor a lugares que Él aún no había revelado. Confiaron en la guía de Dios y sabían que Él estaba con ellos en cada paso del camino. Por favor, lee estos versículos y toma nota de la guía fiel de Dios.

2. ¿Confías en la guía de Dios? ¿Con qué frecuencia le pides que te muestre el camino?

Preséntate ante el Señor y pídele Su guía. ¿Hay alguna área en particular donde la necesites especialmente? Ya sea que parezca insuperable o insignificante, a Dios le importa y te guiará en Su perfecta voluntad—pídeselo ahora.

Señor, por favor dame guía,

Amén.

DÍA CUATRO

Buscando la Voluntad de Dios

Hay tantas cosas, personas, tareas, responsabilidades, roles y deseos que tiran de nuestro corazón y claman por nuestra atención. Diversos puntos de vista y voces buscan nuestra devoción—agendas políticas, valores sociales actuales, filosofías del mundo, la necesidad de encajar y ser aceptados. Estas voces pueden ser beneficiosas o perjudiciales para nuestro cuerpo, mente y espíritu. Pueden complementar nuestra fe o desviarnos por completo. Dios nos advierte que no seamos cautivos ni llevados por mal camino.

Josué 1:7-8 comparte una sabiduría increíble para mantenernos fieles a la voluntad y los caminos de Dios:

»Solo te pido que seas fuerte y muy valiente para obedecer toda la ley que mi siervo Moisés te ordenó. No te apartes de ella ni a derecha ni a izquierda; solo así tendrás éxito dondequiera que vayas. ⁸Recita siempre el libro de la Ley y medita en él de día y de noche; cumple con cuidado todo lo que en él está escrito. Así prosperarás y tendrás éxito".

El SEÑOR habló estas palabras a Josué antes de guiarlo a cruzar el río Jordán y tomar posesión del territorio enemigo. Josué y los israelitas encontrarían obstáculos y enfrentarían a sus adversarios cara a cara. Dios los animó a mantener sus ojos enfocados en Él—Él era su fuente de valentía y victoria. Les advirtió que no miraran ni a la derecha ni a la izquierda, porque al hacerlo podrían desanimarse y desviarse. Solo Dios era su esperanza y salvación; solo Él les aseguraba el éxito. Nada ni nadie más podía salvarlos de sus enemigos. Abre tu Biblia y lee **Josué 1:1-18** por ti mismo.

Lo mismo es cierto para nosotros. También enfrentaremos pruebas y tribulaciones. Tenemos un enemigo que busca devorarnos—su nombre es Satanás. Al diablo no le encantaría nada más que vernos poner nuestra esperanza en cualquier cosa que no sea nuestro Padre Celestial. Su objetivo es desorientarnos. A lo largo de toda la Sagrada Escritura se nos advierte que no busquemos ayuda ni a la izquierda ni a la derecha, en ninguna forma. Debemos mantener nuestro corazón enfocado en el Señor, y nuestra mente fija en Su Reino. Debemos buscar Su voluntad y creer en Su Palabra por encima de cualquier otra voz que intente captar nuestra atención. La voluntad y el camino del Señor pueden parecer aterradores o imposibles—pero con Él, todo es posible. El Señor puede guiarnos con seguridad a través de un río embravecido, abriendo un camino que solo Él puede hacer—Él puede partir las aguas milagrosamente **(Josué 3)**. Buscar la voluntad del Señor es el mejor punto de partida para cualquier jornada. Mientras mantengamos nuestro enfoque en Él, nos mostrará el camino más sabio y deseable. Solo Dios es nuestra esperanza segura y eterna. Él nos hace prosperar; va delante de nosotros y allana el camino. ¡Nuestra victoria y seguridad no se encuentran en ningún otro Nombre bajo el Cielo! ¡Él nos lleva a la Tierra Prometida!

No nos desviemos de buscar y seguir únicamente Su voluntad. Bajemos el volumen y silenciemos el ruido que constantemente compite por nuestra atención y lealtad. Reclamemos Sus promesas para nosotros y caminemos en obediencia a donde Él nos guía. ¡Seamos fuertes y valientes! ¡Sí, hagámoslo!

1. ¿Cuáles son algunas voces que intentan sacarte del camino correcto y cómo las contrarrestas?

2. ¿Cómo te ayuda el buscar la voluntad de Dios y mantener tu enfoque en Él a seguir en la dirección correcta? ¿Qué bendiciones encuentras?

Ora ahora y pídele al Señor que te ayude a silenciar el ruido y afinar tu oído para escucharle con más claridad.

Oh Dios, ayúdame a escuchar Tu voz,

Amén.

DÍA CINCO

Confiando en Su Plan

Podemos someternos con entusiasmo a la autoridad de Dios. Podemos anhelar que Su Espíritu Santo llene nuestros corazones y nos guíe en la verdad. Podemos desear sinceramente seguir al Señor y Sus caminos. Muy probablemente pedimos, buscamos y llamamos con la intención de responder a las respuestas de Dios con obediencia completa y fiel. Pero, cuando llega el momento decisivo, ¿realmente confiamos plenamente en Sus métodos y en Su tiempo en cada situación? Levanta la mano (aunque no pueda verte) si alguna vez te has sentido tentado a adelantarte a Dios o a tomar el control por tu cuenta. ¡Yo también!

En **Génesis 15, 16 y 17** encontramos un ejemplo bíblico que nos advierte contra la impaciencia y la autosuficiencia. Dios le había prometido a Sarai y a su esposo Abram un hijo—quien daría lugar a más descendientes que las estrellas del cielo. Y uno de esos descendientes bendeciría a toda la humanidad al salvarnos de nuestros pecados. ¡Exactamente! Estoy hablando de Jesús. Bueno, Sarai y Abram ya eran bastante mayores, setenta y seis y ochenta y seis años para ser exactos **(Génesis 16:16)**, y Sarai ideó un plan brillante para "ayudar" a Dios con Su promesa. Hizo que su esposo durmiera con su sierva Agar, quien quedó embarazada. La historia de Agar es realmente hermosa—hablo más de ella en mi estudio bíblico *"Una Hija del Rey"*. Pero por ahora, veámoslo desde la perspectiva de Sarai. Debido a su impaciencia y falta de confianza en la fidelidad de Dios a Sus promesas, Sarai creó un gran problema, no solo para ella, sino para todos a su alrededor. Dios cumplió Su promesa cuando Sara tenía 90 años y Abraham 100—tuvieron un hijo y lo llamaron Isaac.

Cuando Dios dice espera, es por una buena razón. La Palabra de Dios nos ofrece muchos recordatorios maravillosos de la fidelidad de Dios. Él nunca ha roto una promesa ni ha fallado a Su Palabra. Podemos confiar en que Él es fiel en todo lo que hace, incluso cuando no es según nuestro cronograma o de la forma en que lo habríamos planeado.

> *"La palabra del Señor es justa; fieles son todas sus obras"*. Salmo 33:4

Podemos tener confianza en que los planes de Dios, Su propósito para nuestras vidas y Sus respuestas a nuestras oraciones siempre son para nuestro bien. Saber esto nos ayuda a soportar el proceso. Las respuestas pueden llegar en un instante o después de años de clamor de rodillas con mejillas empapadas de lágrimas. Como Dios ve el panorama completo, podemos confiar en que Él cumplirá Su plan perfecto.

"Pero de una cosa estoy seguro: he de ver la bondad del SEÑOR en esta tierra de los vivientes. ¹⁴Pon tu esperanza en el SEÑOR; cobra ánimo y ármate de valor, ¡pon tu esperanza en el SEÑOR!" Salmo 27:13-14

1. ¿Cómo te inspira la historia de Sarai a someterte al tiempo y modo de respuesta del Señor en tu propia vida? **(Génesis 15:1-5; 16:1-16; 17:17-21)**

2. Por favor, lee el **Salmo 46:1-11**. Vuelve a leer específicamente el versículo **46:10**. Memorízalo y luego escríbelo aquí:

Ahora permite que tus observaciones e impresiones te guíen en oración. Pídele al Señor que te ayude a confiar en Su fidelidad y sabiduría. Pídele que te enseñe a estar quieto, a tener valor y a esperar en Él.

Querido Señor Soberano,

Amén.

DÍA SEIS

Obediencia Inmediata

Cuando Dios te pide que hagas algo o te impulsa a responder de cierta manera, ¿con qué facilidad salen de tu boca estas palabras como lo hicieron con María en **Lucas 1:38**?: *Aquí tienes a la sierva del Señor —contestó María—. Que él haga conmigo como me has dicho."* En teoría y en deseo, somos rápidos para decir "sí" y "amén" en señal de acuerdo, pero cuando llega el momento de actuar y se presenta una oportunidad real de obedecer a Dios, muchas veces aparece la duda. Queremos reflexionar, cuestionar, analizar y considerar los "si", "cuándo", "cómo", "por qué" y "qué" de la situación antes de avanzar con seguridad. En esencia, queremos tener el control.

Creo firmemente que esto ocurre porque de forma automática, dirigimos la mirada hacia nuestro interior, y reflexionamos sobre nuestras propias limitaciones en lugar de enfocarnos en la suficiencia total de Dios. Vemos nuestras debilidades, somos plenamente conscientes de nuestros fracasos pasados, y eso nos hace temer soltar el control, confiar en hacia dónde el Señor nos lleva, y tener fe en lo que Él nos pide. Fijar nuestros ojos en el Señor y establecer firmemente nuestro corazón en Él nos trae seguridad y confianza en Su plan todopoderoso. Si Dios nos llama a hacer algo, sin duda nos equipará para cumplir con la tarea que nos asigna.

María, la madre de Jesús, es nuestro ejemplo perfecto en esto. Dios le pidió que asumiera el papel más importante de su vida, y no solo de la suya, sino el más grande de toda la humanidad. Era solo una adolescente cuando el ángel Gabriel la visitó y le dijo que daría a luz a un hijo—el Hijo de Dios. Ella era virgen y aún no estaba oficialmente casada con su prometido José, así que le preguntó al ángel cómo sucedería eso. Aceptó la palabra del ángel cuando le dijo que el Espíritu Santo vendría sobre ella. Su respuesta fue de obediencia inmediata. No cuestionó su propia capacidad para cumplir ese papel—¡dar a luz, cuidar y criar al Salvador del mundo! ¡Eso es enorme! Estoy bastante segura de que Dios nunca nos ha pedido, ni nos pedirá, una tarea tan increíble. Y sin embargo, cuestionamos, vacilamos y dudamos de Su plan, cuando es mucho menor en comparación. María es un hermoso ejemplo de cómo mirar al Señor y a Su fidelidad y poder—no a lo imposible de la situación. Ella sabía que Dios estaba al mando, y simplemente se rindió a Él.

María entregó su vida, sus planes y su futuro al Señor como una ofrenda. Conocía Su carácter—Él es santo, perfecto, amoroso y justo. Eligió creer que incluso a ella Dios podía usarla para Su gran propósito. Creerle a Dios no era algo nuevo para María. Ella había confiado en el Señor a lo largo de su vida, y era algo que seguiría haciendo. Era humilde de corazón, y por eso halló el favor de Dios—no porque hubiera demostrado ser digna por obras. Ella era simplemente Su instrumento para bendecir a la humanidad.

Dios también desea usarnos para Su propósito poderoso. Tal vez no sea tan grandioso como el de María, pero es esencial para Su Reino. Hay personas en nuestras vidas que serán bendecidas por nuestra obediencia a la voluntad de Dios. Y no olvidemos el cumplimiento y gozo que también trae a nuestras vidas.

"¡Dichosa tú que has creído, porque lo que el Señor te ha dicho se cumplirá!" Lucas 1:45

1. Acompáñame a leer **Lucas 1:26-45** y toma nota de tus observaciones.

2. ¿Cómo te inspira la historia de María a dar un paso en fe y decirle "sí" al Señor, con entrega total? ¡Imagina en todo lo qué podrías ser parte!

Haz una pausa y pídele al Señor que te ayude a confiar en Sus planes, por imposibles que parezcan, y que respondas con confianza con las palabras: Soy el siervo del Señor.

Querido Señor,

Amén.

DÍA SIETE

Entrega Completa

La sumisión se expresa a través de nuestras palabras y acciones. Se siente en nuestro corazón y se manifiesta a través de la devoción. Nuestra postura, tanto física como espiritual, da una gran muestra y señal de la entrega de nuestras vidas. Una postura de asombro y reverencia se evidencia en nuestra adoración a Dios y en la alabanza que elevamos. Una postura de humildad y gratitud a menudo nos hace caer de rodillas y postrarnos ante el Señor.

La entrega suprema significa confiar en Dios con nuestra vida incluso hasta el punto de la muerte—y en esto, Jesús es la expresión más pura. Jesús sabía que Su crucifixión era inminente y entendía la tortura que pronto sufriría. Se arrodilló en el Jardín de Getsemaní orando a Su Padre Celestial; lágrimas corrían por Su rostro y una mezcla de sudor y sangre goteaba de Su frente. Pidió que pasara de Él esa copa, en esencia, que existiera otro plan para salvar a la humanidad. Sin embargo, en ese mismo instante oró para que se hiciera la voluntad del Padre, no la Suya. Jesús sabía que seguir el plan de Dios traería gloria al Padre y salvación al mundo **(Lucas 22:39-46)**.

"Fijemos la mirada en Jesús, el iniciador y perfeccionador de nuestra fe, quien por el gozo que le esperaba, soportó la cruz, menospreciando la vergüenza que ella significaba, y ahora está sentado a la derecha del trono de Dios.." Hebreos 12:2

El gozo y la cruz parecen mutuamente excluyentes, pero según la perspectiva de Jesús, claramente iban de la mano. La idea de que estaríamos unidos con Él para siempre le dio gozo y le ayudó a soportar la cruz. Tú y yo somos el gozo en el que Jesús se enfocó mientras cargaba Su cruz y luego permitía que lo clavaran en ella. Jesús tomó Su cruz y entregó Su vida por nosotros. Ahora nos pide que tomemos nuestra cruz y entreguemos nuestras vidas para seguirlo, hasta llegar a Casa con nuestro Padre Celestial. ¡Es un hermoso intercambio!

Jesús ejemplificó la segunda línea de Su oración: *Venga tu reino, hágase tu voluntad, en la tierra como en el cielo.* Jesús vivió y murió por la causa del Reino de los Cielos **(ver Hebreos 5:7-9)**. Él trajo el Reino a la tierra con Él y nos invita a entrar. También es nuestro gozo y privilegio vivir para el Reino. Se nos exhorta a morir a nosotros mismos y vivir para Cristo; a perder nuestra vida y verdaderamente encontrarla. Se nos ordena llevar el Evangelio del Reino hasta los confines de la tierra, comenzando desde donde estamos, sin dudar **(Mateo 28:16-20)**.

Por nuestra propia voluntad esto puede parecer abrumador e inalcanzable, pero con el amor de Dios impulsándonos, el gozo del Señor llenándonos, y la obra del Espíritu Santo capacitándonos, podemos cumplir el llamado de Jesús en nuestras vidas. **Hebreos 12:2** nos anima a fijar los ojos en Jesús, el iniciador y perfeccionador de nuestra fe. ¡Él es quien obra en nosotros y a través de nosotros!

1. Lee un poco más y encuentra más motivación en **Hebreos 12:3**. ¿Cómo te anima esto a rendirte por completo al Señor?

2. ¿Qué dice Jesús sobre nuestra cruz en **Mateo 16:24-28**? Describe los beneficios que has experimentado al vivir para el Señor.

Ora para que el Señor te dé Su perspectiva y aumente tu gozo al seguirlo. Pídele a Dios que te revele cualquier área de tu vida que necesites entregar para poder tomar tu cruz hoy. Agradécele por considerarte un gozo.

Dios Misericordioso,

Amén.

"¡Vengan, cantemos con júbilo al SEÑOR;

aclamemos alegres a la Roca de nuestra salvación!

²Lleguemos ante él con acción de gracias;

aclamémoslo con cánticos.

³Porque el SEÑOR es el gran Dios, el gran Rey sobre todos los dioses.

⁴En sus manos están los abismos de la tierra;

suyas son las cumbres de los montes.

⁵Suyo es el mar, porque él lo hizo;

con sus manos formó la tierra seca.

⁶¡Vengan, postrémonos reverentes!

Doblemos la rodilla ante el SEÑOR nuestro Hacedor!

⁷Porque él es nuestro Dios

y nosotros somos el pueblo de su prado;

somos un rebaño bajo su cuidado.

Si ustedes oyen hoy su voz."

Salmo 95:1-7

SEMANA CUATRO

Acción de Gracias

"Den gracias a Dios en toda situación..."

Día 1: Entren

Día 2: Beneficios Desbordantes

Día 3: Toda Bendición

Día 4: Grito de Júbilo

Día 5: Recuerdos Gratos

Día 6: Provisiones Abundantes

Día 7: Dones de Gracia

DÍA UNO

Entren

¡Tenemos toda una semana de Acción de Gracias y aun así no es suficiente para expresar toda nuestra gratitud! Las oraciones de agradecimiento glorifican a Dios y reconocen que todas nuestras bendiciones son regalos suyos. Todo don bueno y perfecto viene de lo alto **(Santiago 1:17)**. La gratitud cambia nuestra perspectiva al abrir nuestros ojos a la visión de Dios. Nuestra visión de un *vaso medio vacío* rápidamente se transforma en un *vaso medio lleno*. Incluso cuando parece que no hay nada por lo cual dar gracias, ten la seguridad de que siempre hay algo digno de apreciar, si tan solo lo buscamos.

Podemos comenzar agradeciendo a Dios por nuestra salvación, por el aliento en nuestros pulmones y el latido de nuestro corazón. La belleza de la creación es una gran fuente de inspiración para nuestras palabras de agradecimiento: desde las nubes en el cielo, las montañas imponentes y las olas del mar que van y vienen; hasta los árboles que se mecen con la brisa y ofrecen hogar a las aves. Podemos agradecer al Señor por nuestra salud, y si nuestra salud está sufriendo en este momento, podemos agradecerle por los médicos, enfermeras y tratamientos que Él usa para aliviar nuestras dolencias. Podemos agradecer a Dios por nuestra familia y amigos que Él ha puesto en nuestras vidas. Debemos agradecerle por darnos la Biblia que nos enseña sobre Él, y por el maravilloso privilegio de la oración. Agradécele por la esperanza eterna que ofrece a través de Jesucristo, y la esperanza diaria que nos brinda con Su presencia aquí y ahora.

Al tomarnos el tiempo para agradecer a nuestro Padre, recordamos Su bondad hacia nosotros. Nuestros corazones se renuevan y nuestras mentes se enfocan nuevamente en la verdad. Dar gracias eleva nuestro espíritu y aligera nuestras almas cansadas—la esperanza, el valor, la paz y el gozo habitan en nuestras vidas.

"Dios te dio el regalo de 86,400 segundos hoy. ¿Usaste uno para decir gracias?"
—una cita de William A. Ward.

La gratitud y la negatividad no pueden coexistir. La próxima vez que tu corazón se sienta cargado o tu mente esté llena de ansiedad, toma cautivo cada pensamiento y hazlo obediente a Cristo **(2 Corintios 10:5)**. Dios te ayudará a ver lo positivo y te sacará del pozo. Pondrá tus pies sobre terreno firme y te dará una nueva canción que cantar **(Salmo 40:2)**.

"Entren por sus puertas con acción de gracias; vengan a sus atrios con himnos de alabanza. ¡Denle gracias, alaben su nombre!" Salmo 100:4

1. Lee **Filipenses 4:8** y anota sobre qué deben pensar los hijos de Dios. ¿Cómo impactará esto tu manera de pensar?

2. Lee el **Salmo 100:1-5** y luego haz una lista de todo lo que descubras sobre Dios que motive tu gratitud y alabanza.

Ahora es momento de entrar por las puertas del Señor con acción de gracias y alabanza. Prepara tu pandero y agradécele por todo lo que venga a tu mente.

Padre Generoso, te doy gracias,

Amén.

DÍA DOS

Beneficios Desbordantes

Los beneficios que el Señor trae a nuestras vidas son abundantes, y sus repercusiones son eternas. Hoy haré las cosas un poco diferente: dejaré que la Palabra de Dios nos guíe por completo. En lugar de enumerar todos Sus beneficios para ti, pensé en dirigirte directamente a la fuente. ¡Después de todo, la Biblia lo dice mejor que nadie!

Por favor, lee los siguientes versículos en silencio y luego léelos una segunda vez en voz alta. Medita en las palabras y deja que inunden tu alma.

"Alaba, alma mía, al SEÑOR; alabe todo mi ser su santo nombre. ^{2}Alaba, alma mía, al SEÑOR y no olvides ninguno de sus beneficios. ^{3}Él perdona todos tus pecados y sana todas tus dolencias; ^{4}él rescata tu vida del sepulcro y te corona de gran amor y misericordia; ^{5}él te colma de bienes y tu juventud se renueva como el águila. ^{6}El SEÑOR hace justicia y defiende a todos los oprimidos. ^{7}Dio a conocer sus caminos a Moisés; reveló sus obras al pueblo de Israel. ^{8}El SEÑOR es compasivo y misericordioso, lento para la ira y grande en amor. ^{9}No sostiene para siempre su querella ni guarda rencor eternamente. ^{10}No nos trata conforme a nuestros pecados ni nos paga según nuestras iniquidades. ^{11}Tan grande es su amor por los que le temen como alto es el cielo sobre la tierra. ^{12}Tan lejos de nosotros echó nuestras transgresiones como lejos del oriente está el occidente. ^{13}Tan compasivo es el SEÑOR con los que le temen como lo es un padre con sus hijos. ^{14}Él conoce de qué hemos sido formados; recuerda que somos polvo." Salmo 103:1–14

Este pasaje nos exhorta a recordar—y no olvidar—los beneficios inconmensurables que hemos recibido del Señor. Las recompensas descritas nunca podrían ser alcanzadas por nuestro propio esfuerzo ni ganadas por nuestra justicia. Son regalos de gracia que recibimos por la fe. Dios eliminó toda posibilidad de jactancia—Él nos conoce muy bien. Saboreemos el último versículo: *"Como el padre se compadece de los hijos, se compadece el SEÑOR de los que le temen..."* Él conoce nuestras debilidades y actúa para suplir nuestras necesidades. ¡Él es amoroso, lleno de gracia, bondadoso y tan, tan bueno con nosotros!

1. Vuelve al pasaje y subraya cada beneficio que tienes en el Señor. ¿Cómo te anima el corazón recordar el favor inmerecido de Dios hacia ti?

2. Ahora haz una lista y recibe personalmente cada beneficio que se te ha dado.

Ora ahora y agradece a Dios por cada regalo celestial que ha derramado sobre ti.

Bendice, alma mía, al Señor, gracias por los beneficios tan extravagantes que has derramado sobre mi vida,

Amén.

DÍA TRES

Toda Bendición

Eres un hijo de Dios: eres profundamente amado; estás completamente perdonado; has sido hecho nuevo y lavado de toda culpa; eres el amado de Dios y perteneces a Su familia; le importas al Padre; eres Su hermosa creación y Él te hizo con un gran propósito; eres fuerte y capaz; eres realeza en Su Reino celestial. Dios te eligió a ti y a mí con el propósito de que lo conociéramos. Él derrama lo mejor que tiene para ofrecer—ofreció a Su propio Hijo para salvarnos y envió a Su propio Espíritu Santo para habitar en nuestros corazones.

Al leer el siguiente pasaje bíblico, toma nota de cada bendición espiritual que tenemos en Cristo—se mencionan una tras otra. Subráyalas o márcalas mientras avanzas.

"Bendito sea Dios, Padre de nuestro Señor Jesucristo, que nos ha bendecido en las regiones celestiales con toda bendición espiritual en Cristo. ^{4}Dios nos escogió en él antes de la creación del mundo, para que vivamos en santidad y sin mancha delante de él. En amor ^{5}nos predestinó para ser adoptados como hijos suyos por medio de Jesucristo, según el buen propósito de su voluntad, ^{6}para alabanza de su gloriosa gracia, que nos concedió en su Amado. ^{7}En él tenemos la redención mediante su sangre, el perdón de nuestros pecados, conforme a las riquezas de su gracia ^{8}la cual Dios nos dio en abundancia con toda sabiduría y entendimiento. ^{9}Él nos hizo conocer el misterio de su voluntad conforme al buen propósito que de antemano estableció en Cristo, ^{10}para llevarlo a cabo cuando se cumpliera el tiempo, esto es, reunir en él todas las cosas, tanto las del cielo como las de la tierra. ^{11}En Cristo también fuimos hechos herederos, pues fuimos predestinados según el plan de aquel que hace todas las cosas conforme al designio de su voluntad, ^{12}a fin de que nosotros, que fuimos los primeros

en poner nuestra esperanza en Cristo, seamos para alabanza de su gloria. ¹³En él también ustedes, cuando oyeron el mensaje de la verdad, el evangelio que les trajo la salvación, y lo creyeron, fueron marcados con el sello que es el Espíritu Santo prometido. ¹⁴Este garantiza nuestra herencia hasta que llegue la redención final del pueblo adquirido por Dios, para alabanza de su gloria." Efesios 1:3–14

1. Dios nos ha dado toda bendición espiritual en los lugares celestiales— ¡eso significa que no nos falta nada! Somos escogidos, adoptados, redimidos, perdonados, incluidos y sellados con el Espíritu Santo como prueba. ¿Cuál de estas palabras necesitas escuchar más hoy?

2. ¿Cómo impactan estas verdades tu identidad ahora? ¿Y hacia el futuro?

Silencia tu corazón y da gracias al Padre por hacerte Su hijo.

Señor, gracias por amarme y por elegirme para ser parte de Tu familia,

Amén.

DÍA CUATRO

Grito de Júbilo

Al comienzo de nuestra semana de Acción de Gracias, sacamos nuestros panderos y escribimos oraciones de gratitud al Señor. Hoy vamos un paso más allá y sacamos toda la banda: el arpa y la lira, la guitarra, el banjo, las gaitas, los platillos y los tambores. Sé que puede que hoy no sea un día fácil y que quizás no tengas ganas de dar gracias en este momento, pero regocijarse es más que un sentimiento—es una decisión que debemos tomar. Y muchas veces, una vez que comenzamos a contar nuestras bendiciones, ¡los sentimientos pronto nos siguen!

1 Tesalonicenses 5:18 nos dice: *"Den gracias a Dios en toda situación, porque esta es su voluntad para ustedes en Cristo Jesús."* Por si no lo notaste, ¡el versículo dice en toda situación! Días buenos, días malos, días tristes, situaciones difíciles, ocasiones alegres—TODO. Esta es la voluntad de Dios para nosotros en Cristo Jesús. Todo aquel que ha puesto su fe en Jesús, ha recibido salvación, vida eterna, ha sido bendecido con toda bendición espiritual, y adoptado en la familia de Dios, tiene motivos para estar alegre. Nuestra felicidad suele depender de lo que nos rodea—va y viene según el ambiente y nuestras emociones. Pero la alegría inquebrantable y duradera se basa en nuestra relación con el Señor—es un sentido profundo y constante de que Dios es bueno y está en control. La alegría del Señor es firme y constante, y es nuestra fortaleza en temporadas difíciles **(Nehemías 8:10)**. Está arraigada en la fe y edificada sobre la esperanza. Es un gozo interior, una sensación de deleite y regocijo por todo lo que el Señor ha hecho en nuestras vidas. Podemos experimentar esta alegría incluso cuando no tenemos ganas de sonreír. La definición griega de gozo es "conciencia de la gracia y el favor de Dios; gracia reconocida" (Biblehub.com). Nuestra adoración, alabanza, gratitud y acción de gracias son más que palabras; ¡nuestro grito de júbilo es una ofrenda al Señor! La alegría tiene todo que ver con estar conscientes... y agradecidos.

"Con cánticos alabaré el nombre de Dios; con acción de gracias lo exaltaré."

Salmo 69:30

El rey David a menudo celebraba con arpa, lira, trompetas, canto y danza. Él elegía alabar y dar gracias a Dios tras una gran victoria. También elegía alabar y dar gracias cuando huía por su vida y se escondía en una cueva. Incluso cuando su corazón estaba cargado y el peso del mundo descansaba en su mente, buscaba al Señor y lo alababa. Enfocarse en el Señor siempre cambiaba su perspectiva y levantaba su espíritu.

El Salmo 42:5 registra las palabras de David: *"¿Por qué estás tan abatida, alma mía? ¿Por qué estás tan angustiada? En Dios pondré mi esperanza y lo seguiré alabando. ¡Él es mi salvación y mi Dios!"*

Este es un gran ejemplo a seguir. Sea cual sea el día que tengamos por delante, podemos elegir poner nuestra esperanza en el Señor y aún así alabarlo. Podemos elegir regocijarnos en el Señor siempre **(Filipenses 4:4; 1 Tesalonicenses 5:16)**. Podemos proclamar: *"¡Este es el día que hizo el Señor! ¡Me gozaré y me alegraré en él!"* **(Salmo 118:24)**

1. Lee el **Salmo 92:1–15** y anota todo por lo que el salmista da gracias. ¿Tú también estás agradecido por estas cosas?

2. Ahora busca el **Salmo 98:1–9** y toma nota de las razones adicionales que tenemos para regocijarnos. ¿Cómo participa toda la tierra en esta celebración?

Preséntate ante el Señor con tus propias palabras de gratitud. Habla desde el corazón—pídele al Señor que reavive tu gozo y lo haga desbordar.

Señor, alabaré Tu nombre y te glorificaré con mi gratitud,

Amén.

DÍA CINCO

Recuerdos Gratos

Toda la Biblia es un recordatorio de las poderosas obras de Dios y de Su fidelidad pasada hacia Su pueblo. Los israelitas encontraban fuerza y consuelo al reflexionar sobre la bondad de Dios hacia ellos, y nosotros podemos hacer lo mismo. Tenemos todo el Antiguo Testamento para inspirarnos, y también el Nuevo Testamento para alentarnos. Los israelitas alababan al Señor por quien Él es, y le daban gracias por las bendiciones en sus vidas. Agradecían a Dios por Su bondad, amor, protección, liberación y salvación. Ellos entendían que sin Su presencia constante y Su ayuda habrían perecido en el desierto. Cada vez que emprendían una nueva etapa en su camino, se enfrentaban a un enemigo feroz, o comenzaban un proyecto desafiante, recordaban la misericordia, la gracia y el poder del Señor. También confesaban sus pecados y se arrepentían de su comportamiento pasado. Moisés les recordó a los israelitas las bendiciones de Dios durante su éxodo masivo de Egipto **(Deuteronomio 11)**. Josué relató la historia de la nación antes de permitir que el pueblo tomara posesión de la tierra prometida **(Josué 24)**. Nehemías y los israelitas se separaron de sus vecinos paganos y se consagraron a Dios. Repasaron la historia de su rebelión, cautiverio y redención, y renovaron su pacto con el Señor **(Nehemías 9)**.

A lo largo del libro de los Hechos, leemos testimonio tras testimonio del amor eterno de Dios y de Sus acciones entre Su pueblo santo. El capítulo 15 del libro de Apocalipsis nos da un vistazo del Cielo, donde presenciamos alabanzas eternas y acción de gracias que se cantan en respuesta a las maravillas del Señor.

"Quiero alabarte, Señor, con todo el corazón, y contar todas tus maravillas."

Salmo 9:1

Reflexionar sobre las obras pasadas del Señor nos inspira a confiar en Él para el futuro. Ganamos seguridad en el presente y confianza para presentar nuestras peticiones ante Él. Dios es el mismo ayer, hoy y por los siglos. Si fue fiel antes, lo es ahora. Si fue soberano antes, lo sigue siendo. Si fue amoroso, bondadoso, bueno y misericordioso entonces, podemos confiar en que lo es ahora… y aún más.

»Den gracias al S*EÑOR* porque él es bueno; su gran amor perdura para siempre."

1 Crónicas 16:34

El pueblo de la Biblia nos dejó muchos ejemplos—algunos que debemos seguir y otros de los cuales solo debemos aprender y evitar. Un ejemplo que sí debemos imitar es el hábito de dar gracias al Señor por Su favor constante y por las oraciones respondidas en el pasado.

1. Lee el **Salmo 136** y toma nota de todo lo que los israelitas tenían para agradecer. Observa la frase repetida que también aplica a ti hoy. ¿Cómo te consuela eso?

2. Seguramente, Dios ha estado contigo a lo largo de tu vida. Ha intervenido, ha respondido oraciones, ha traído consuelo—quizás de forma evidente o silenciosamente entre bastidores. Tal vez lo notaste y tal vez aún no te has dado cuenta de esos momentos. Pídele a Dios que te los recuerde o te los revele ahora. Silencia tu corazón, aquieta tu mente y escucha Sus palabras. ¿Qué te está trayendo a la memoria el Señor?

Medita en estos recuerdos y lleva una ofrenda de acción de gracias al Señor. Luego pídele que te ayude a avanzar con la certeza de que Él sigue obrando en tu vida hoy.

Dios del Cielo, Tu amor es eterno,

Amén.

DÍA SEIS

Provisiones Abundantes

¿Alguna vez has pasado por una temporada personal de sequía? Esto puede referirse a un período de sequedad emocional, física o espiritual. También puede significar una época en la que los recursos financieros parecían evaporarse. Estas fases pueden ser breves o parecer extenderse para siempre. Sin importar cuánto duren o cuán difíciles se tornen, Dios es quien nos sostiene y nos lleva a través de ellas. Él proveyó generosamente a los israelitas mientras vagaban por el desierto durante cuarenta largos años. La tierra que cruzaban era árida, estéril y dura, sin embargo, el Señor suplió todas sus necesidades. Les dio seguridad, protección, refugio, dirección y favor. Cuando escaseaba el agua, Él hizo brotar corrientes de una roca **(Éxodo 17; Números 20)**. Cuando se acababa la comida, envió pan del cielo—conocido como maná—cada mañana, y carne fresca de codorniz cada noche en el campamento **(Éxodo 16)**. Dios proveyó continuamente con abundancia. Al principio, estaban agradecidos y daban gracias al Señor por los milagros. Con el tiempo, se cansaron de comer lo mismo día tras día y sus corazones se volvieron ingratos. Comenzaron a murmurar y a quejarse contra el Señor Dios Todopoderoso, quien los había sostenido generosamente en el desierto—y enfrentaron consecuencias por ello. La historia de los israelitas nos sirve como recordatorio: todo don perfecto proviene de nuestro Padre celestial, y Él merece nuestra gratitud.

Éxodo 16:31–32 dice: *"Y llamaron al pan «maná». Era blanco como la semilla de cilantro y dulce como las tortas con miel. ³²—Esto es lo que ha ordenado el SEÑOR —dijo Moisés—: "Tomen un gómer de maná y guárdenlos para que las generaciones futuras puedan ver el pan que yo les di a comer en el desierto, cuando los saqué de Egipto".*

Dios instruyó a los israelitas a recordar el maná que Él les había provisto, y a compartir su testimonio de Su bondad con los demás. Reflexionar en cómo el Señor proveyó en el pasado, darle gracias por todo lo que ha hecho, alabarlo como generoso y bueno, nos da una perspectiva alegre y llena de esperanza para el presente y el futuro. Nos da la seguridad de que si Él nos dio nuestro pan de cada día ayer, sin duda lo hará hoy. Dios sabe exactamente lo que necesitamos y cuándo lo necesitamos. Él es la fuente de todo lo bueno, y es generoso y bondadoso.

La próxima semana comenzaremos a presentar nuestras peticiones al Señor. Hoy, primero estamos enfocando nuestra mente en agradecer a Dios por Su fidelidad pasada. Tómate un momento para reflexionar sobre tu vida y responde estas preguntas: ¿Cómo ha provisto el Señor en el pasado? ¿Hubo momentos en que Él trajo refrigerio a tu corazón? ¿Ocasiones en las que sostuvo y nutrió tu alma? ¿Situaciones donde te dio dirección o temporadas en las que te protegió de una tormenta?

"Tú, oh Dios y Salvador nuestro, nos respondes con asombrosas obras de justicia; tú eres la esperanza de los confines de la tierra y de los más lejanos mares." Salmo 65:5

1. Lee todo el pasaje del **Salmo 65** y registra todas las maneras en que el Señor suple las necesidades de Su creación. Agradécele por todas las formas en que ha suplido tus necesidades y te ha dado tu pan diario.

2. Ahora lee el **Salmo 23** y observa cómo Dios suplió las necesidades de David mientras él se encontraba en un lugar desértico. ¿Has experimentado la provisión de Dios de esta manera? Explica.

Ora ahora y agradece al Señor por Sus abundantes provisiones en el pasado. Pídele que te ayude a confiar en que Él suplirá tus necesidades en los días venideros.

Querido Señor, mi amoroso Pastor,

Amén.

DÍA SIETE

Dones Bondadosos

Estoy tan agradecida de que Dios me reciba como Su hija, de que Él haya pagado por mis pecados y me ofrezca salvación. El Señor ha sido tan bueno conmigo—me ha sellado con Su Espíritu Santo y ha prometido volver por mí algún día. Me ha colmado con don tras don, y estoy eternamente agradecida. Él te ha bendecido con las mismas bendiciones. Otorga beneficios tan numerosos que no se pueden contar, aunque en un día anterior mencionamos muchos de ellos. Además de todo esto, el Señor nos da dones espirituales para que estemos equipados para servirle y bendecir a otros. Es difícil comprender que el Señor quiera una relación conmigo—y aún más asombroso pensar que Él me considere útil para el trabajo de Su Reino.

El Señor toma todas mis debilidades y me hace fuerte; sana mi corazón y me llena de compasión. Sella mi quebranto con el pegamento del Espíritu Santo. Soy un vaso débil y vacío—¡y ese es exactamente el tipo de persona que a Dios le gusta usar! No puedo hacer nada por mi cuenta, así que ¡solo Él recibe la gloria!

"Pero tenemos este tesoro en vasijas de barro para que se vea que tan sublime poder viene de Dios y no de nosotros." 2 Corintios 4:7

El Señor nos da dones espirituales con el propósito específico de servirle, edificar Su iglesia y amar a otros en Su nombre. Somos las manos y los pies de Jesús—llevando las Buenas Nuevas dondequiera que vayamos y sirviendo a quienes encontramos. Sazonamos al mundo con la sal de la salvación, con la esperanza del Cielo, la paz de Dios, el gozo del Señor y la justicia de Su Reino. Brillamos con la gloriosa luz de Dios en el mundo, ahuyentando la oscuridad. ¡Qué bendición servir al Señor de esta manera! **(Mateo 5:13-16)**

"Pues Dios es quien produce en ustedes tanto el querer como el hacer para que se cumpla su buena voluntad." Filipenses 2:13

Dios no necesita que seamos perfectos para usarnos con Su propósito; solo tenemos que estar dispuestos y disponibles. Cuando caminamos en sintonía con Él, Él hace todo lo demás. Vamos a donde Él nos guía y hacemos lo que Él nos pide. ¡Siempre es una buena aventura! Somos Sus embajadores—usando nuestros talentos, habilidades, recursos y tiempo dados por Dios junto con nuestros dones espirituales para representar Su Reino celestial mientras vivimos en la tierra.

Los dones espirituales que imparte el Espíritu Santo están enumerados en varios pasajes de la Biblia. Échales un vistazo si deseas aprender más: **1 Corintios 12:1–31; Romanos 12:3–8; Efesios 4:11–16**

1. ¿Cómo respondes al hecho de que Dios quiere usarte para representarlo? ¿Te sientes conmovido(a)? ¿Asombrado(a)? ¿Sorprendido(a)? ¿Honrado(a)? ¿Emocionado(a)? ¿Agradecido(a)? Explica.

2. El poder supremo de Dios está obrando en ti para cumplir Su voluntad. ¿Cómo fortalece esto tu confianza?

Ahora es tiempo de orar en respuesta.

Gracias, Señor, por confiarme dones espirituales. Oro para usarlos para Tu gloria,

Amén.

"Así que recomiendo, ante todo, que se hagan plegarias, oraciones, súplicas y acciones de gracias por todos, ²por los reyes y por todas las autoridades, para que tengamos paz y tranquilidad, y llevemos una vida devota y digna.

³ Esto es bueno y agradable a Dios nuestro Salvador, ⁴pues él quiere que todos sean salvos y lleguen a conocer la verdad."

1 Timoteo 2:1-4

SEMANA CINCO

Peticiones

"Danos hoy nuestro pan de cada día."

Día 1: Con Seguridad

Día 2: Con Persistencia

Día 3: Con Fervor

Día 4: Con Especificidad

Día 5: Con Valentía

Día 6: Con Expectativa

Día 7: Con Fidelidad

DÍA UNO

Con Seguridad

Podemos orar con seguridad, sabiendo que el Señor escucha nuestras oraciones. Tenemos la confianza de acercarnos al trono de Dios y ser aceptados con gracia. Jesús es nuestro Sumo Sacerdote que intercede por nosotros ante el Padre. Anteriormente, a lo largo del Antiguo Testamento, solo el sumo sacerdote de Israel podía acceder a la habitación más santa del Templo —el Lugar Santísimo— una vez al año. En el Día de la Expiación, también conocido como Yom Kippur, el sacerdote entraba en este lugar sagrado para ofrecer sacrificios y hacer expiación por los pecados de la nación **(Levítico 16)**. Llevaba un pectoral con los nombres de los doce patriarcas de Israel sobre su corazón. Nadie más se atrevía a entrar al santuario por temor a que su ofrenda fuera rechazada y murieran. Una gruesa cortina separaba esta área de las demás salas, y muy pocos veían lo que había detrás. La cortina colgaba en el Templo como un límite entre la santidad de Dios y el pueblo pecador —aseguraba reverencia hacia el Señor y protección para el pueblo.

Todo esto cambió cuando Jesús fue a la Cruz en nuestro lugar. Su muerte fue el sacrificio perfecto y aceptable que pagó eternamente por nuestros pecados. Nunca será necesario otro sacrificio. En el momento exacto de la muerte de Jesús, la cortina del Templo se rasgó sobrenaturalmente en dos, de arriba abajo **(Mateo 27:50-51; Marcos 15:38; Lucas 23:45)**. Ahora tenemos acceso a la presencia santa de Dios en cualquier momento y todos los días del año. Él nunca nos rechazará. Cada vez que nos acerquemos a Él en oración, siempre encontraremos Sus brazos abiertos. Está listo para darnos la bienvenida y derramar Su misericordia y gracia sobre nosotros. ¡Qué dulce y reconfortante bendición!

"Así que acerquémonos confiadamente al trono de la gracia para recibir la misericordia y encontrar la gracia que nos ayuden oportunamente." Hebreos 4:16

Tenemos la seguridad de acercarnos al trono de Dios, y tenemos la seguridad de que Él se preocupa por nosotros. También tenemos la confianza de que Él responderá nuestras oraciones conforme a Su perfecta voluntad para nuestras vidas, y para nuestro mayor bien. Cuando ponemos nuestras preocupaciones, inquietudes, temores y necesidades delante de Él, siempre podemos confiar en Su respuesta. Puede que no veamos todos los detalles o conozcamos el resultado final, pero tenemos confianza en lo que esperamos y seguridad en lo que no vemos. Puede que las respuestas no nos sean claras, puede que no entendamos cómo o por qué, pero sí conocemos a Aquel en quien confiamos y dependemos.

"Ahora bien, la fe es tener confianza en lo que esperamos, es tener certeza de lo que no vemos." Hebreos 11:1

1. Lee **Hebreos 10:22** para tener más seguridad sobre tu posición delante del Señor. ¿Cómo te anima esto a presentar tus peticiones diariamente?

2. Ahora lee el **Salmo 71:5-8** y aplícalo a ti mismo. ¿Cómo ha demostrado el Señor ser digno de tu confianza?

Haz una pausa ahora, respira profundamente y pídele al Señor que supla tus necesidades con Su pan diario de misericordia y gracia.

Querido Señor, me acerco a Tu trono con la seguridad de que Tú me escuchas, me ves y te importa mi vida.

Amén.

DÍA DOS

Con Persistencia

Pidan. Busquen. Llamen. Estas tres simples palabras representan el deseo de Dios para nuestra vida de oración. Representan una conversación continua y una presentación persistente de nuestras peticiones al Señor. No están destinadas a ser acciones que realizamos una vez y luego olvidamos. Nuestras oraciones no son una molestia para Dios; de hecho, son recibidas como un aroma agradable ante Su trono. Él desea e invita que nos acerquemos a Él con frecuencia. Cuando algo pesa en nuestro corazón o en nuestra mente, podemos llevarlo con confianza al Señor. Él nunca se cansa de oírnos. Pedir, buscar y llamar son acciones continuas que son esenciales para nuestro bienestar espiritual. El Señor dice que pidamos y se nos dará, que busquemos y encontraremos, que llamemos y se nos abrirá la puerta **(Lucas 11:5-13)**. A veces recibimos de inmediato lo que pedimos, pero puede haber un periodo de espera. Esto no significa que Dios no esté escuchando o que no esté actuando detrás de escena—sin duda lo está. Siempre que buscamos al Señor, lo encontraremos esperando por nosotros. Su consuelo, amor, esperanza, paz y gozo están al otro lado de nuestra búsqueda también. Hay momentos, sin embargo, en los que deseamos Su sabiduría para una situación, Su guía para una decisión, Su sanidad para nuestros cuerpos, Su restauración en nuestras relaciones y Sus respuestas parecen retrasarse. Incluso cuando no obtenemos una resolución inmediata, aún podemos confiar en que Dios está obrando en nuestra circunstancia y nos dará lo que necesitamos. Cuando llamamos a la puerta, se nos promete que Jesús está listo para abrazarnos al otro lado. Cuando llamamos a las diferentes puertas presentadas en nuestra vida, el Señor nos dará conocimiento de Su voluntad y actuará en nuestro favor cuando se lo pidamos. No te rindas con Dios; Él nunca se rinde contigo. Solo sigue pidiendo, buscando y llamando.

No iríamos al mercado una sola vez, llenaríamos nuestra canasta y esperaríamos estar abastecidos para toda la vida—seguimos regresando con frecuencia. No nos inscribimos en un gimnasio, hacemos ejercicio una vez, y esperamos desarrollar músculo, fuerza, energía y resistencia—debemos esforzarnos con regularidad para notar un cambio. Lo mismo sucede con nuestra vida de oración—debemos acudir al Señor con frecuencia para recibir beneficios duraderos. Él quiere que seamos persistentes en venir a Él. Si es una oración que vale la pena presentar una vez, probablemente también valga la pena presentarla persistentemente.

"¡Bendito sea Dios, que no rechazó mi oración ni me negó su gran amor!"

Salmo 66:20

Puede haber asuntos por los que oraste hace mucho tiempo y aún no has visto respuesta. Ten por seguro que el Señor no te ha olvidado. Él está obrando en tu favor incluso cuando no lo percibes. Te animo a seguir orando por ese milagro de sanidad, el milagro de restauración en una relación, el milagro de que un ser querido acepte a Jesús como su Salvador, el milagro de que un hijo pródigo regrese a Dios. Permite que la palabra *persistencia* defina tu vida de oración de ahora en adelante.

1. Escucha por ti mismo(a) el ánimo del Señor leyendo **Lucas 11:5-13** en tu Biblia. Lee también **Mateo 7:11**. ¿Cómo responde Dios a nuestras oraciones? ¿Qué tipo de regalos da en respuesta a nuestro pedir, buscar y llamar?

2. ¿Qué cosa que oraste en el pasado necesitas seguir orando ahora?

Pidan, busquen y llamen. El Señor está escuchando.

Querido Padre Celestial,

Amén.

DÍA TRES

Con Fervor

Para enfatizar realmente este mensaje, me gustaría compartir algunos sinónimos de la palabra *fervientemente* que encontré: *apasionadamente, intensamente, sinceramente, genuinamente, con todo el corazón, honestamente, con urgencia, con seriedad*. ¿Utilizarías estas palabras para describir tus oraciones? ¿Caracterizan la manera en que te acercas a Dios cuando algo está pesando en tu alma? ¿Te presentas ante el Señor y lo pones todo sobre la mesa, sin reservas? Él ve nuestro dolor, siente nuestras heridas, escucha nuestro clamor, y desea suplir nuestras necesidades. Aunque el Señor ya conoce cada detalle, quiere que compartamos abiertamente nuestro corazón y nuestras inquietudes con Él. Al hacerlo, nos aliviamos. Dios tiene hombros mucho más grandes para cargar el peso de nuestras preocupaciones, y el poder para hacer algo al respecto. En **Mateo 11:28-29**, Jesús dice: *»Vengan a mí todos ustedes que están cansados y agobiados; yo les daré descanso. ²⁹Carguen con mi yugo y aprendan de mí, pues yo soy apacible y humilde de corazón, y encontrarán descanso para sus almas."*

Jesús nos ofrece un hermoso intercambio, si tan solo lo aceptáramos—nuestro cansancio y cargas cambiadas por Su descanso. ¿Cómo podríamos rechazarlo? Este intercambio solo es posible al soltar el control y rendirse a Su amorosa autoridad. Las preocupaciones e inquietudes pueden convertirse rápidamente en temores, ansiedad, depresión y angustia, a menos que se las entreguemos al Señor con prontitud. Orar con fervor significa suplicar y clamar por Su intervención sobrenatural cuando parece que toda esperanza se ha perdido. ¡Dios hará lo que solo Él puede hacer! ¡Dios hace lo imposible! Jesús oró fervientemente antes de ir a la Cruz del Calvario. Lloró y sudó sangre mientras oraba con intensidad a Su Padre. Abrió su corazón y se vació por completo. Como resultado, el Padre envió un ángel para fortalecerlo y prepararlo para el difícil camino que tenía por delante.

"En los días de su vida mortal, Jesús ofreció oraciones y súplicas con fuerte clamor y lágrimas al que podía salvarlo de la muerte y fue escuchado por su temor reverente."

Hebreos 5:7

El tono de nuestras conversaciones con el Señor puede variar. A veces vendremos con alegría, celebrando con entusiasmo. Otras veces, estaremos abrumados o tristes y querremos compartir nuestro dolor. Nuestras interacciones pueden estar marcadas por sonrisas y risas, o con lágrimas corriendo por nuestro rostro. Podemos acercarnos al Señor con pasión, fervor, intensidad y urgencia—Él nos entiende profundamente y se compadece **(Hebreos 4:15)**. Puede haber momentos en que nuestras oraciones sean tan intensas que no encontremos palabras. Es entonces cuando el Espíritu de Dios intercede por nosotros. No es la longitud de la oración lo que importa, sino nuestra sinceridad.

"Así mismo, en nuestra debilidad el Espíritu acude a ayudarnos. No sabemos qué pedir, pero el Espíritu mismo intercede por nosotros con gemidos que no pueden expresarse con palabras." Romanos 8:26

1. Lee **Lucas 22:39-44** para ver cómo Jesús oró fervientemente a Su Padre. ¿Cómo te asegura esto, que Jesús se compadece de tu sufrimiento?

2. ¿Qué está pesando en tu corazón por lo que necesitas orar con fervor?

Suplicamos al Señor, entregamos nuestras cargas y recibimos Su descanso.

Oh Señor, Tú comprendes; por favor, ayúdame en mi debilidad,

Amén.

DÍA CUATRO

Con Especificidad

Mateo 20:29-34 relata la historia de una sanidad milagrosa y una pregunta crucial: *"Una gran multitud seguía a Jesús cuando él salía de Jericó con sus discípulos. ³⁰Dos ciegos que estaban sentados junto al camino, al oír que pasaba Jesús, gritaron: —¡Señor, Hijo de David, ten compasión de nosotros! ³¹La multitud los reprendía para que se callaran, pero ellos gritaban con más fuerza: —¡Señor, Hijo de David, ten compasión de nosotros! ³²Jesús se detuvo y los llamó. —¿Qué quieren que haga por ustedes? ³³—Señor, queremos recibir la vista. ³⁴Jesús se compadeció de ellos y tocó sus ojos. Al instante recobraron la vista y lo siguieron."*

Los hombres de esta historia estaban desesperados por el toque sanador de Jesús. Clamaron para que tuviera compasión de ellos. Su necesidad era evidente para Jesús, pero Él hizo que la expresaran en voz alta. Jesús les hizo una pregunta muy significativa—¿Qué quieren que haga por ustedes? Ellos querían ver, pero Él les dio mucho más. Renovó sus vidas, su esperanza, su identidad, su pertenencia en la sociedad, la capacidad de trabajar y la posibilidad de ganarse la vida. Restauró su dignidad. Los hombres pudieron haber dado muchas respuestas, pero dieron una respuesta específica a la pregunta de Jesús—querían recuperar la vista. Mientras clamaban y otros intentaban silenciarlos, Jesús se detuvo y tuvo compasión de ellos. Se detuvo y escuchó; se preocupó y actuó. Jesús los tocó personalmente, les dio la vista—respondió íntimamente a sus necesidades y trajo sanidad inmediata.

Jesús te hace hoy la misma pregunta, y mañana, y el día siguiente: *¿Qué quieres que haga por ti?* ¿Necesitas esperanza y consuelo hoy? ¿Sabiduría y conocimiento de la voluntad de Dios para tu situación? ¿Fuerza para el camino por delante? ¿Sanidad para tu cuerpo? ¿O también deseas que tu visión sea restaurada para ver con la perspectiva perfecta del Señor? Nuestras respuestas pueden considerarse como peticiones por el pan de cada día. Sabemos y confiamos en que, al igual que con los ciegos, el Señor tendrá compasión de nosotros y suplirá nuestras necesidades también. Se nos invita a orar con peticiones específicas. No necesitamos rodeos con Jesús. Podemos orar por nuestras necesidades exactas y por las de los demás—intercediendo con peticiones claras y concretas.

¡Dios es bueno y nunca está demasiado ocupado para nosotros! Nos encontrará en el camino, a solas en el silencio o en medio del bullicio. Se detendrá, tocará, hablará, escuchará, se compadecerá, sanará y nos dará dirección. Nos invita y nos llama a seguirle; Su amor y compasión nos impulsan a dejarlo todo por Él.

1. Lee **Isaías 42:5-7** y observa lo que dice la Escritura respecto a nuestros ojos. ¿Quién nos da la vista y por qué?

"Ábreme los ojos, para que contemple las maravillas de tu Ley." Salmo 119:18

2. ¿Cómo ha abierto el Señor tus ojos—a través de Su amor, Su Palabra, Sus promesas? ¿A Su esperanza, Su paz, Su gozo, Su seguridad? **(Salmo 19:8)**

Da gracias al Señor por haberte abierto los ojos y haberte revelado Su amor y esperanza **(Efesios 1:18)**. Luego pídele que supla tus necesidades específicas ahora. Él está preguntando; ahora es tu oportunidad de responder.

Querido Señor,

Amén.

DÍA CINCO

Con Valentía

La palabra hebrea para "valentía" se basa en la confianza, la seguridad, la fe y la dependencia (Biblehub.com). Podemos ser valientes porque nuestra confianza está puesta en el Señor y nuestra fe se fundamenta en Su fidelidad perdurable. ¡Él es nuestra fuente de seguridad y Aquel en quien siempre podemos confiar! Nuestra fe en Dios nos infunde valentía. Gracias al sacrificio perfecto de Jesús, nos acercamos a Su trono con confianza, sabiendo que no seremos rechazados. **Proverbios 28:1** describe a los seguidores de Dios de esta manera: *"pero el justo vive confiado como un león."* Nuestra valentía no proviene de confiar en nosotros mismos, sino de confiar en Aquel que escucha y recibe nuestras oraciones.

Josué 10:12-14 cuenta la historia del fiel y justo líder de Dios, Josué, y la audaz oración que elevó. Los israelitas estaban en plena batalla y necesitaban más horas de luz para asegurar la victoria. A menudo le pedimos al Señor que multiplique nuestro tiempo y esfuerzos para cumplir Su propósito y las tareas que llenan nuestro calendario—y el Señor, en Su gracia, responde. Pero en el caso de Josué, vemos que ora valientemente para que el sol se detenga—¡y literalmente, milagrosamente, así sucede! (¡Lee este pasaje por ti mismo!) Esta fue la única vez que Dios detuvo el sol y mantuvo la luna en su lugar. Sucedió porque Josué fue lo suficientemente audaz como para pedirlo.

En el Nuevo Testamento leemos sobre los incontables milagros que Jesús realizó: sanidades de todo tipo **(Mateo 4:23)**, y la alimentación de miles de hombres, mujeres y niños con unos pocos panes y peces **(Mateo 14 y 15)**. Jesús expulsó una legión de demonios de un hombre, devolviéndole la cordura **(Lucas 8:26-39)**. Jesús inspiraba confianza y ganaba la fe del pueblo. Su fama se esparció rápidamente por toda la región.

Tres de los Evangelios nos presentan el testimonio de una mujer que se acercó a Jesús con valentía, con la esperanza de ser sanada. Su historia se encuentra en **Mateo 9:20-22, Marcos 5:21-34 y Lucas 8:40-48**. Esta mujer había sufrido un flujo de sangre durante doce largos años sin alivio. Había consultado a muchos médicos, pero su condición no mejoraba. Bajo la Ley judía, esto la hacía ritualmente impura y excluida de la sociedad. Seguramente estaba desanimada, débil y probablemente anémica. Cuando vio a Jesús, vio esperanza. Se abrió paso entre la multitud y con valentía tocó el borde de Su manto. Jesús se volvió y preguntó quién lo había tocado—aunque sabía perfectamente quién era. Temblando de miedo, la mujer habló—contó valientemente su historia y confesó su fe en Su poder para sanarla. Su fe firme invitó al poder del Señor a obrar en su vida. Jesús la sanó al instante—su hemorragia se detuvo de inmediato. En respuesta a su valiente fe, Jesús le dijo: *"Vete en paz y queda sana de tu aflicción."*

1. Lee la historia de esta mujer en **Marcos 5:21-34**. ¿Cómo te inspira a ser valiente en tu fe y en presentar tus peticiones al Señor?

2. ¿Por qué necesitas tocar el manto de Jesús hoy? ¿En qué área necesitas restauración, redención o sanidad?

Tomando ejemplo de Josué y de esta mujer, escribe una oración valiente pidiéndole al Señor que haga lo que solo Él puede hacer en tu vida o en la vida de tus seres queridos. Él tiene autoridad para detener el tiempo; Él tiene el poder de detener el sangrado. Preséntale tus oraciones audaces y cree que responderá.

Señor, solo Tú eres mi esperanza. Eres el Dios de los milagros,

Amén.

DÍA SEIS

Con Expectativa

¿Crees que Dios escucha tus oraciones? ¿Sabes sin lugar a dudas que a Él le importas? Cuando oras, ¿esperas que Dios responda? Uno de los regalos más maravillosos que tiene un hijo de Dios es el conocimiento confiado de que Dios efectivamente escucha, se preocupa y actúa en respuesta a nuestras oraciones. Hay una gran diferencia entre los deseos y las oraciones—los deseos son esperanzas y sueños infundados de algo que quisiéramos que sucediera, pero de lo cual no estamos seguros. Los deseos flotan sin rumbo, sin un lugar firme donde aterrizar. Las oraciones, en cambio, se elevan directamente de nuestros labios al Trono de Dios—nuestras oraciones aterrizan firmemente en las manos capaces de Dios. Son una ofrenda agradable que Él recibe con gusto **(Hechos 10:4)**.

Nuestras oraciones con expectativa brotan de nuestro conocimiento del carácter de Dios—Él es Creador y Sustentador; Él es santo, soberano, todopoderoso, amoroso y bondadoso. Sabemos y confiamos en que Él responde nuestras oraciones cuando están de acuerdo con Su perfecta voluntad. Conocemos Su voluntad perfecta leyendo Su Palabra. La Biblia nos da muchos ejemplos de personas que oraron con expectativa basados en su conocimiento del Señor.

El libro de 1 Reyes, capítulos 17 y 18, detalla las oraciones sin dudas de un hombre llamado Elías, y cómo Dios respondió a su expectativa con acción. **1 Reyes 17:17-24** captura los extremos de las peticiones confiadas de Elías—sus oraciones devolvieron la vida al único hijo de una viuda. En **1 Reyes 18** vemos a Elías enfrentarse a los falsos profetas de los dioses paganos Baal y Asera en la cima del monte Carmelo. Declaró una batalla santa para volver el corazón de la nación de Israel al único Dios verdadero. Habían sido desviados para adorar a otros dioses e ídolos junto al Dios de Israel; esto era una abominación ante los ojos del Señor, y causaba gran angustia a Elías. El desafío consistía en preparar altares, y el dios que consumiera el sacrificio con fuego sería probado como digno de toda alabanza y devoción. Los falsos profetas gritaron todo el día—orando frenéticamente, danzando, cortándose hasta sangrar, todo con el fin de llamar la atención de sus dioses—sin resultado alguno. Elías incluso se burló de ellos. Cuando llegó su turno para clamar al Señor, lo hizo de manera calmada, breve, confiada y con expectativa, y Dios respondió con un fuego que consumió todo desde el cielo **(1 Reyes 18:36-39)**. Inmediatamente después de esta oración con expectativa y magnífica muestra del poder de Dios, Elías cayó al suelo y comenzó a orar para que regresara la lluvia a la tierra—él había proclamado previamente una sequía de tres años y medio por su rebelión. Tenía tanta expectativa que enviaba continuamente a su sirviente a mirar hacia el mar en busca de alguna nube. Una y otra vez el sirviente regresaba reportando cielos despejados—siete veces, para ser exactos. Elías siguió orando, y pronto el sirviente proclamó que una nube del tamaño del puño de un hombre se elevaba del mar **(1 Reyes 18:44)**. Elías oró con expectativa en todas estas circunstancias, y Dios escuchó sus oraciones.

1. Antes de pensar que esto no puede suceder contigo, me gustaría que leyeras **Santiago 5:16-18**. ¿Cómo se describe a Elías? ¿Cómo te anima esto?

2. Resurrección de vida para tu cuerpo o alma cansada, milagros innegables desde lo alto, lluvia del cielo para refrescar tu corazón—¿por qué cosa imposible necesitas comenzar a orar con expectativa?

"La oración del justo es poderosa y eficaz." Santiago 5:16

Toma tus respuestas de las preguntas anteriores y entrégaselas ahora al Señor. Ora con valentía, ora con confianza, ora con paz, ora con expectativa.

SEÑOR, Dios de Abraham, de Isaac y de Israel, que todos sepan hoy que tú eres Dios (1 Reyes 18:36),

Amén.

DÍA SIETE

Con Fidelidad

Jesús nos dio ejemplo—Él oraba con frecuencia, tanto a solas como en compañía de otros. Daba gracias al partir el pan. La comunión con Su Padre celestial le daba sabiduría, poder y fortaleza. Nos enseñó a orar usando el Padre Nuestro como guía. Cada línea representa un tema sincero que podemos llevar al Señor. Jesús entendía la importancia de la oración, y la enseñó en diferentes ocasiones.

En **Mateo 21:13**, Jesús dijo: *"Mi casa será llamada casa de oración."* De entre todas las cosas buenas que pudo haber dicho, declaró que Su casa es casa de oración. Es una casa donde Dios es Padre; un hogar donde abunda el amor y la aceptación. Es un lugar de seguridad y refugio en medio de las tormentas del mundo. La casa de Dios es donde nos acercamos y hablamos con Él a través de la oración. Es maravillosa, y estamos invitados a habitar en ella.

Recibimos la salvación por la fe en la gracia de Dios, a través de Jesucristo, el Hijo. Nuestra relación con Dios comienza con una confesión de fe. Nuestras oraciones al Señor son expresadas con una fe llena de esperanza, creyendo que Él nos escucha. Por la fe oramos en el Nombre de Jesús, sabiendo que sólo Él es *el camino, la verdad y la vida, y nuestro acceso al Padre* **(Juan 14:6)**. La fe es la clave para cada bendición que nos pertenece en los lugares celestiales. Jesús habló mucho acerca de la fe y del papel fundamental que desempeña en nuestras oraciones.

Mateo 21:21-22 dice: *"—Les aseguro que si tienen fe y no dudan —respondió Jesús—, no solo harán lo que he hecho con la higuera, sino que podrán decir a este monte: "Quítate de ahí y tírate al mar", y así se hará. ²²Si ustedes creen, recibirán todo lo que pidan en oración."*

En **Lucas 17:5-6**, *"los apóstoles dijeron: —¡Aumenta nuestra fe! ⁶—Si ustedes tuvieran una fe tan pequeña como una semilla de mostaza —respondió el Señor—, podrían decirle a este árbol sicómoro: Arráncate de aquí y plántate en el mar" y les obedecería."*

Mateo 17:20 también nos asegura que no solo podemos arrancar obstáculos, sino mover montañas: *"—Por la poca fe que tienen —respondió—. Les aseguro que si* *tuvieran fe tan pequeña como una semilla de mostaza, podrían decirle a esta montaña: "Trasládate de aquí para allá" y se trasladaría. Para ustedes nada sería imposible.*

¡La fe es esencial! Pero recuerda que no importa tanto el tamaño de nuestra fe, sino en quién está puesta. Pedimos, buscamos y llamamos porque tenemos fe. Con fe, esperamos respuestas... al menos la mayoría del tiempo. Si somos honestos, hay momentos en que nuestra fe tambalea y nuestra confianza decae. Queremos creer con todo el corazón, pero una pequeña duda nos impide rendirnos por completo. No te desanimes—hay una historia en la Biblia sobre esta misma lucha. Un hombre le pide a Jesús que sane a su hijo, y Jesús lo confronta con su duda. El hombre clama desesperado: *"—¡Sí, creo! —exclamó de inmediato el padre del muchacho—. ¡Ayúdame en mi falta de fe!"* **(Marcos 9:24)**. Jesús no lo reprendió, sino que tuvo misericordia.

1. Lee la historia en **Marcos 9:14-29**. Escribe los **versículos 23-24**.

2. ¿Qué *árboles o montañas* metafóricas necesitas mover?

Oremos. Pide a Dios que fortalezca tu fe, que satisfaga tus necesidades y te recuerde que todo lo puedes en Cristo que te fortalece **(Filipenses 4:13)**.

Señor, sí creo. Ayúdame a superar cualquier duda,

Amén.

"Vengan ustedes, temerosos de Dios,

escuchen, que voy a contarles todo lo que él ha hecho por mí.

¹⁷Clamé a él con mi boca;

lo alabé con mi lengua.

¹⁸Si en mi corazón hubiera yo abrigado maldad,

el Señor no me habría escuchado;

¹⁹pero Dios sí me ha escuchado,

ha atendido a la voz de mi oración.

²⁰¡Bendito sea Dios,

que no rechazó mi oración

ni me negó su gran amor!"

Salmo 66:16-20

SEMANA SEIS

Confesión

"Perdónanos nuestras ofensas,

como también nosotros hemos perdonado a nuestros ofensores."

Día 1: A la Luz

Día 2: Escudriña Mi Corazón

Día 3: Eliminando Barreras

Día 4: Muertos al Pecado

Día 5: Perdonar Como Dios

Día 6: Arrepentimiento y Avivamiento

Día 7: Un Nuevo Comienzo

DÍA UNO

A la Luz

Nuestra primera y más importante confesión es la de fe—**Romanos 10:9** nos dice: *Que si confiesas con tu boca que Jesús es el Señor y crees en tu corazón que Dios lo levantó de entre los muertos, serás salvo."* Esta confesión de fe es verdaderamente transformadora, tanto en el presente como en la eternidad. Después de declarar nuestra fe en Jesús como Salvador, también debemos alinear correctamente nuestras vidas con Él como Señor. Esto requiere reconocer nuestros pecados y rendirle nuestro cuerpo, mente y espíritu. Él conoce cada uno de nuestros pecados intencionales y cada transgresión subconsciente, y aun así nos ama. Cada detalle de nuestras vidas está al descubierto ante Jesús—Él ve la superficie y lo más profundo del corazón—y quiere abordar todo eso. Él viene a nosotros con el propósito de acercarnos a una relación con Él y sacar todo a la luz. Él sabe que ahí es donde comienza nuestra sanidad.

"Quien encubre su pecado jamás prospera; quien lo confiesa y lo deja, alcanza la misericordia." —Proverbios 28:13

Juan 4:1-42 relata la historia del encuentro de Jesús con una mujer samaritana— también conocida como *la mujer del pozo*. Se le conoce así porque su conversación transformadora con Jesús ocurrió junto a un pozo al lado del camino. No fue un encuentro casual—Jesús fue intencionalmente a ese pueblo, a esa hora exacta del día, para encontrarse con esa mujer especial. Era conocida por la gente del pueblo como una mujer marginada con una vida escandalosa. Evitaba la interacción porque sabía que significaba rechazo, chismes, vergüenza y dolor. Otras mujeres iban a sacar agua del pozo por la mañana temprano o al atardecer, mientras que ella iba bajo el sol abrasador del mediodía. Jesús llegó y se sentó en el pozo justo cuando ella apareció. Comenzó una conversación, y Jesús fue directo al asunto del corazón. Él sacó a la luz todo lo que ella había querido olvidar y esconder. Jesús señaló que había estado casada cinco veces y que ahora vivía con su novio. No mencionó su pasado ni su situación actual para avergonzarla, sino para liberarla de esa carga. Jesús conocía cada detalle y aun así la buscó amorosamente. Esta revelación cambió su vida drásticamente para bien—ella supo que era amada y aceptada incondicionalmente. Su vergüenza desapareció al instante, su deshonra fue eliminada, su libertad fue ganada ese día. Había estado buscando amor y aceptación durante muchos años; su alma tenía sed, y no se había dado cuenta hasta que Jesús lo hizo evidente. Su cántaro seguiría vaciándose, pero Jesús le ofreció Agua Viva para que nunca más tuviera sed. Él satisfaría cada deseo y anhelo de su corazón; la haría completa. Por el cambio que ocurrió dentro de ella, se convirtió en un testimonio viviente del amor, la misericordia, la gracia y la aceptación de Cristo hacia los demás.

El Señor nos pide confesar nuestros pecados para que podamos recibir también Su misericordia. Nos invita a liberarnos de la vergüenza y el arrepentimiento que nos encarcelan y aíslan; Él nos ama incondicionalmente y quiere que salgamos de la oscuridad y caminemos en la luz con Él. Su Agua Viva limpia y refresca nuestro espíritu.

1. Lee **Juan 4:1-42** y anota el amor y la compasión de Jesús hacia la mujer. Escribe los versículos **4:10 y 4:14**.

2. ¿Hay algo que te ha dado tanta vergüenza que no has podido confesarlo al Señor por temor a que te rechace? Explica.

Te animo a que lo saques a la luz ahora. El Señor te recibirá con amor, misericordia, perdón y libertad. Ora ahora y recibe Su Agua Viva.

Señor, perdóname por mis pecados y lléname con manantiales de Agua Viva,

Amén.

DÍA DOS

Escudriña Mi Corazón

Los caminos de Dios son más altos que los nuestros **(Isaías 55:8-9)**; Su santidad va más allá de nuestra comprensión **(Apocalipsis 4:8)**. Él es absolutamente perfecto en todo sentido. Es puro hasta lo más profundo; no hay defecto en Él. Nosotros, en cambio, estamos marcados por las manchas del pecado que han dejado huella. Estamos contaminados con impurezas que el Señor quiere limpiar. Él desea hacernos santos; apartados para Él y para Su gran propósito. Nos refina como metales preciosos—plata y oro—hasta que Su reflejo brille en nuestras vidas **(Salmo 66:10)**.

Entrar en una relación con Jesús nos hace enfrentar la realidad de nuestra condición caída, y eso nos lleva a lamentar nuestras decisiones pecaminosas **(Mateo 5:4)**. Nuestro remordimiento nos conduce al arrepentimiento—nos alejamos del pecado para seguir al Señor en dirección opuesta—y allí encontramos abundante gracia **(2 Corintios 7:10)**. Al comenzar a limpiar el desorden de nuestros pecados, algunos, incluso sin darnos cuenta, pueden quedarse ocultos. Por eso, además de pedir perdón, es muy importante orar para que el Señor escudriñe nuestro corazón y nos revele todo lo que aún necesitamos entregar. El Señor nos conoce mejor que nosotros mismos. Él conoce nuestros pensamientos; está al tanto de nuestras motivaciones, incluso cuando nosotros no las comprendemos del todo. El pecado comienza en el corazón y se desborda a través de nuestras actitudes, palabras y acciones—por eso ahí comienza el proceso de purificación del Señor **(Mateo 15:18-19; Marcos 7:20-23)**.

"Señor, tú me examinas y me conoces. ²Sabes cuándo me siento y cuándo me levanto; aun a la distancia me lees el pensamiento. ³Mis trajines y descansos los conoces; todos mis caminos te son familiares. ⁴No me llega aún la palabra a la lengua cuando tú, Señor, ya la sabes toda." Salmo 139:1-4

"Examíname, oh Dios, y conoce mi corazón; pruébame y conoce los pensamientos que me inquietan. ²⁴Señálame cualquier cosa en mí que te ofenda y guíame por el camino de la vida eterna." Salmo 139:23-24 (NTV)

El buen propósito de Dios es transformarnos cada día más a la imagen de Su Hijo, a través de cada circunstancia **(Romanos 8:28-29)**. Esto significa soltar ciertas cosas y aferrarnos a otras. Todo lo que dejamos por causa del Señor no se compara con las bendiciones que Él nos da a cambio. Limpiar nuestras vidas del pecado comienza al reconocerlo.

1. Lee el **Salmo 139:1-12** y anota cuán profundamente familiar es el Señor contigo.

2. Ahora lee el **Salmo 139:13-18** y comparte las emociones que te inundan respecto a la participación de Dios en tu vida y Su cuidado amoroso.

Ora al Señor que te conoce y te ama. Pídele que escudriñe tu corazón y te recuerde cualquier cosa que necesites confesar y rendir. Pídele que te guíe por Su camino de vida eterna, ¡está lleno de bendiciones!

Examíname, oh Dios,

Amén.

DÍA TRES

Eliminando Barreras

El pecado mantiene nuestros corazones cautivos y levanta una barrera entre nosotros y Dios. El pecado roba nuestro gozo y agota nuestras fuerzas. Nos cubre de vergüenza y nos llena de remordimiento. Niebla nuestra visión del Señor; tapa nuestros oídos, impidiendo que lo escuchemos con claridad. Endurece nuestros corazones, volviéndolos insensibles a Su guía. El pecado es engañoso y hace promesas tentadoras que no puede cumplir. Es algo con lo que el Señor quiere ayudarnos a lidiar. Dios quiere liberar nuestros corazones y derribar los muros que se interponen en nuestra relación con Él. Él ofrece restaurar nuestro gozo y renovar nuestras fuerzas para que volemos como las águilas sobre las corrientes del cielo **(Isaías 40:31)**. Perdona nuestros pecados y nos envuelve en la justicia de Jesús. Fielmente reemplaza nuestro remordimiento con la esperanza de que Su misericordia es nueva cada mañana **(Lamentaciones 3:23)**. Solo necesitamos confesarle nuestras iniquidades. Exponer nuestras almas ante el Señor puede parecer aterrador, pero podemos tener la certeza de que siempre responderá a nuestras confesiones con misericordia tierna y compasiva. Él es tan bueno, amoroso y amable. Desea que todas las barreras del pecado sean destruidas para que podamos acercarnos a Él sin obstáculos. Solo quiere lo mejor para nosotros, y eso requiere que reconozcamos nuestras transgresiones **(Salmo 32:1-5)**.

Es bueno que el pecado nos cause aflicción; eso significa que Dios está obrando y haciendo algo nuevo en nosotros. Limpiar el desorden de nuestros corazones y mentes nos ayudará a ver mejor a Dios. El pecado es oscuro, tenebroso y desordenado. La confesión trae luz, claridad y orden a nuestras vidas. ¡Estoy seguro de que todos queremos experimentar eso personalmente!

*"Mi fuerza se fue debilitando como al calor del verano, porque día y noche tu mano pesaba sobre mí. ⁵Pero te confesé mi pecado y no te oculté mi maldad. Me dije: «Voy a confesar mis transgresiones al S*ᴇÑᴏʀ*». Y tú perdonaste la culpa de mi pecado." Salmo 32:4-5*

"Voy a confesar mi iniquidad, pues mi pecado me angustia." —Salmo 38:18

"Dichosos los de corazón limpio, porque ellos verán a Dios." —Mateo 5:8

Los autores de la Biblia fueron auténticos en sus escritos. Fueron honestos y vulnerables al admitir sus fallas. Podemos aprender mucho de ellos. Nos comparten la clave para una relación sin obstáculos con el Señor: una confesión continua. Aceptar a Jesús como Señor y Salvador cubre nuestros pecados—pasados, presentes y futuros. Confesar nuestros pecados a medida que ocurren nos impide quedar atrapados por ellos y evita que se interpongan entre nosotros y nuestro Padre amoroso **(Hebreos 12:1)**.

1. El **Salmo 51** fue escrito por el rey David después de cometer pecados graves. Por favor, lee el **Salmo 51:1-19** y anota las confesiones de David y lo que le pide al Señor.

2. ¿Cómo te inspira la oración de David a confesar tus pecados conforme surgen?

Me encanta tomar oraciones de la Escritura y hacerlas mías. Puedes usar el **Salmo 51** para guiar tu oración de confesión. Puedes orarlo palabra por palabra o personalizarlo según tu situación actual.

Ten piedad de mí, oh Dios,

Amén.

DÍA CUATRO

Muertos al Pecado

El arrepentimiento es una acción de doble sentido. Requiere dejar atrás nuestro pecado y seguir a Cristo. Fuimos liberados de las cadenas del pecado con el propósito de caminar en justicia desde el momento en que entregamos nuestras vidas al Señor. Estamos llamados a permanecer continuamente en Jesús—y luego pensar, actuar, hablar, vivir y respirar en respuesta a todo lo que Él derrama en nuestras vidas. No podemos alcanzar la justicia por nuestra cuenta, ni podemos mantenerla con esfuerzo propio. Necesitamos a Jesús en cada paso del camino. Él nos salvó con el propósito de darnos una nueva vida. Jesús llevó nuestro pecado en la Cruz y murió en nuestro lugar. También resucitó de la tumba victorioso sobre la muerte. ¡La tumba está vacía! Él está vivo, y nosotros hemos sido hechos vivos en Cristo. Primero, debemos morir a nuestro viejo yo pecaminoso; ya no tiene lugar en nuestras vidas. Entonces, somos libres para correr con Él en total entrega.

"De la misma manera, también ustedes considérense muertos al pecado, pero vivos para Dios en Cristo Jesús." —Romanos 6:11

En **Colosenses 3:1-17**, Pablo nos exhorta fuertemente: *"Por tanto, hagan morir todo lo que es propio de la naturaleza terrenal: inmoralidad sexual, impureza, bajas pasiones, malos deseos y avaricia, la cual es idolatría* **(3:5)**.*"* Estos pasajes también nos dan una imagen clara de nuestra nueva vida en Cristo: *"Por lo tanto, como pueblo escogido de Dios, santo y amado, revístanse de afecto entrañable y de bondad, humildad, amabilidad y paciencia* **(3:12)**.*"*

Claramente, nuestra naturaleza pecaminosa y una vida llena del Espíritu están en conflicto directo entre sí. Por eso, uno debe morir para que el otro viva. El bautismo es una hermosa imagen de esta transacción. Aunque somos salvos en el momento en que invitamos a Jesús a nuestros corazones, el bautismo es una expresión externa de la fe que ha llegado a morar en nosotros. Durante los bautismos en nuestra iglesia, la persona sube al escenario, entra al agua, y al inclinarse hacia atrás y sumergirse completamente, la congregación proclama que ese seguidor de Jesús está "muerto al pecado." Al salir del agua, todos proclamamos su victoria sobre la muerte y su nueva vida con las palabras: "¡Vivo en Cristo!" Durante el verano, estos bautismos se realizan en la playa, donde las olas demuestran el poder de Dios para lavar nuestros pecados. Hemos sido hechos vivos con el propósito de caminar con nuestro Señor.

"Por lo tanto, si alguno está en Cristo, es una nueva creación. ¡Lo viejo ha pasado, ha llegado ya lo nuevo!" —2 Corintios 5:17

Puede que vengan a tu mente cosas que sabes que están en contra de la voluntad de Dios para ti. Puede que haya otras que ni siquiera consideres pecado. Usualmente asociamos el pecado con cosas grandes como el asesinato, el robo y el adulterio; pero el chisme, los celos, la discordia y la calumnia también son pecados. Dios quiere que muramos a todas estas cosas—se oponen a Su voluntad para nuestras vidas. No tienen lugar en una vida vivida para Cristo.

1. Por favor, lee **Romanos 6:11-14** y considera: ¿Estás "ofreciendo cada parte de ti como instrumento de justicia"? ¿Hay un área que has estado reteniendo? Explica.

2. Ahora lee **Gálatas 5:13-26** y considera: ¿Estás "viviendo por el Espíritu y andando en el Espíritu"? ¿Notas nuevos frutos en tu vida?

Lleva tus reflexiones al Señor. Preséntate como una ofrenda y pídele que te ayude a dar frutos que estén en consonancia con tu nueva vida en Cristo.

Querido Dios, estoy tan agradecido por todo lo que has hecho. Ayúdame a vivir para ti.

Amén.

DÍA CINCO

Perdonar como Dios

Dios desea que experimentemos Su paz, pero eso solo es posible cuando entregamos nuestro odio, amargura y falta de perdón a Su cuidado amoroso y Su juicio soberano. Seguramente has notado que darle vueltas a tus heridas, dolor y resentimiento solo intensifica esas emociones. Enfocarse en el pasado y en quien te hizo daño les da control continuo sobre tu vida presente, manteniéndote prisionero. Cada segundo que les das rienda suelta en tu mente es tiempo perdido y bendiciones robadas. Dios quiere liberarte para que puedas vivir el momento con Él. Lo entiendo, y Dios conoce la traición que tal vez enfrentaste y el sufrimiento que has soportado a manos de otros—es muy significativo porque tú realmente importas.

Dios nos manda perdonar a los demás como Él nos ha perdonado a nosotros—completa y eternamente **(Mateo 6:13-14)**. Este no es un estándar fácil de seguir, pero con la ayuda del Espíritu Santo es posible. El Espíritu Santo puede cambiar nuestros corazones de formas impensables, transformando nuestro odio en compasión e incluso misericordia. Jesús nos dice que bendigamos y oremos por nuestros enemigos—puede servir de consuelo saber que Jesús también dijo que es como amontonar brasas ardientes de convicción sobre sus cabezas **(Mateo 5:44; Romanos 12:20)**. Sé que no es fácil aceptar eso, pero orar por ellos libera nuestros corazones y demuestra nuestra fe en la justicia de Dios. Él no cierra los ojos ante nuestro sufrimiento o injusticia—Él es nuestro defensor y juez santo. Él trata con todo pecado, y hace responsable a cada uno por sus acciones—tanto las buenas como las malas, y trae consecuencias en respuesta **(2 Corintios 5:10)**. Liberar nuestro rencor ante el Padre no exime al otro de responsabilidad; Dios se encargará de ellos en nuestro favor. Nuestra reacción natural ante la traición es amargura, furia, calumnias y malicia en el corazón. Dios quiere que recordemos el perdón que Él nos dio cuando éramos Sus enemigos, y que extendamos ese mismo perdón en Su Nombre.

"Abandonen toda amargura, ira y enojo, gritos y calumnias y toda forma de malicia. ³²Más bien, sean bondadosos y compasivos unos con otros y perdónense mutuamente, así como Dios los perdonó a ustedes en Cristo." —Efesios 4:31-32

El perdón es para nuestro propio bien. Si no lo tratamos de inmediato, las raíces de amargura crecen rápido y nos enredan por completo. Nos sofocan y roban el gozo que el Señor quiere darnos. Las raíces de amargura en nuestros corazones nos causan daño y son un mal testimonio para otros. Por eso deben ser arrancadas de raíz y puestas a los pies de la Cruz, donde el Señor se encargará de ellas. El perdón es algo que debemos practicar continuamente—el diablo seguirá trayendo recuerdos a la mente e intentará plantar semillas de amargura. Debemos arrancarlas cada vez antes de que crezcan.

"Busquen la paz con todos y la santidad, sin la cual nadie verá al Señor. ⁱ⁵Asegúrense de que nadie quede fuera de la gracia de Dios, de que ninguna raíz amarga brote y cause dificultades y corrompa a muchos..." Hebreos 12:14-15

1. Lee **Romanos 5:10** y observa la magnitud del perdón de Dios hacia ti.

2. Pablo, embajador de Cristo, nos dio ánimo sobre el perdón en **2 Corintios 2:9-11**. ¿Eres consciente de los planes de Satanás para enredarte en la amargura? ¿Estás siendo obediente al perdonar? Explica.

Ora y pídele al Señor que te dé fe sobrenatural y fuerza para perdonar a tus deudores, así como Él ha perdonado tus ofensas. Pídele que te lave con Su paz y haga justicia en tu nombre.

Querido Señor misericordioso,

Amén.

DÍA SEIS

Arrepentimiento y Avivamiento

En **Daniel 9:3-11** escuchamos la oración de arrepentimiento de Daniel, tanto por él mismo como por el pueblo de Dios: "Entonces me puse a orar y a dirigir mis súplicas al Señor mi Dios. Además de orar, ayuné y me vestí de luto y me senté sobre cenizas. ⁴»Esta fue la oración y confesión que hice al SEÑOR: »"Señor, Dios grande y temible, que cumples tu pacto de fidelidad con los que te aman y obedecen tus mandamientos: ⁵Hemos pecado y hecho lo malo; hemos sido malvados y rebeldes; nos hemos apartado de tus mandamientos y de tus leyes. ⁶No hemos prestado atención a tus siervos los profetas que, en tu nombre, hablaron a nuestros reyes y príncipes, a nuestros antepasados y a todos los habitantes de la tierra. ⁷»"Señor, tuya es la justicia y nuestra es la vergüenza. Sí, nosotros, pueblo de Judá, habitantes de Jerusalén y de todo Israel, tanto los que vivimos cerca como los que se hallan lejos, en todos los países por los que nos has dispersado por haberte sido infieles. ⁸SEÑOR, tanto nosotros como nuestros reyes y príncipes, y nuestros antepasados, cargamos con la vergüenza por haber pecado contra ti. ⁹Pero aun cuando nos hemos rebelado contra ti, tú, Señor nuestro, eres un Dios compasivo y perdonador. ¹⁰»"SEÑOR y Dios nuestro, no hemos obedecido ni seguido tus leyes, las cuales nos diste por medio de tus siervos los profetas. ¹¹Todo Israel ha transgredido tu Ley y se alejaron cuando rechazaron obedecerte. Por eso, las maldiciones y los juicios escritos en la Ley de Moisés, siervo de Dios, han sido derramadas sobre nosotros, porque pecamos contra ti."

Podemos orar la oración de Daniel por nosotros mismos, por nuestras comunidades, nuestra nación y nuestro mundo. Qué lugar tan diferente sería nuestro planeta si todos nos arrepintiéramos. En **2 Crónicas 7:14** encontramos la invitación de Dios a Su pueblo:

"Si mi pueblo, que lleva mi nombre, se humilla y ora, y me busca y abandona su mala conducta, yo lo escucharé desde el cielo, perdonaré su pecado y restauraré su tierra."

Deuteronomio 7:5-6 da instrucciones a los israelitas sobre la importancia de destruir sus ídolos y volver sus corazones a Dios: "Esto es lo que harás con esas naciones: derribarás sus altares, harás pedazos sus piedras sagradas y sus imágenes de la diosa Aserá y prenderás fuego a sus ídolos. ⁶Porque para el SEÑOR tu Dios tú eres un pueblo santo; él te eligió para que fueras su propiedad exclusiva entre todos los pueblos de la tierra."

Estas mismas instrucciones se aplican a nosotros personalmente, y también a todos los hijos de Dios. Si queremos ver un avivamiento en nuestro mundo, debe comenzar primero en nuestros corazones y en la vida de cada creyente en nuestras iglesias que ama a Jesús y teme a Dios. El arrepentimiento y el avivamiento comienzan con los hijos de Dios. El fuego comienza con una chispa y crece hasta convertirse en un incendio cuando se aviva. La justicia llenará la tierra cuando el pueblo de Dios derribe sus ídolos y comience a vivir con pasión por Él. No podemos esperar que aquellos que no conocen al Señor vivan como si lo hicieran. Pero nosotros, que sí lo conocemos, tenemos una gran responsabilidad—damos cuenta a Dios, porque somos llamados por Su Nombre. Debemos humillarnos y orar por arrepentimiento y avivamiento como lo hizo Daniel.

1. Lee el **Salmo 85:1-13** para ver una hermosa muestra de la misericordia de Dios hacia Su pueblo cuando ellos regresan a Él. Haz una lista de las bendiciones que se mencionan.

2. ¿Qué consuelo o ánimo te traen estos versículos?

Tómate un momento para orar por un avivamiento en tu propio corazón y luego intercede por el pueblo de Dios y por nuestro mundo.

Señor Dios, te ruego en oración y súplica,

Amén.

DÍA SIETE

Un Nuevo Comienzo

Nuestros pecados, errores y fracasos del pasado no nos definen. La gracia de Dios nos da una nueva identidad. Somos Sus hijos amados, perdonados e impecables, lavados por la sangre del Cordero, vestidos de justicia, revestidos con lino fino y blanco. La Biblia está llena de ejemplos de personas como nosotros—personas que fallaron miserablemente y luego experimentaron la misericordia de Dios. Cuando toda esperanza parece perdida y nos atormentan los recuerdos del pasado, Dios interviene para reescribir nuestra historia con una trama mucho mejor que termina en nuestra gloria.

Pedro fue uno de los amigos y discípulos más cercanos de Jesús. Dedicó su vida a seguir a Jesús dondequiera que Él lo guiara. Proclamó su fe y declaró que nunca lo negaría como Señor. Sin embargo, la noche antes de la crucifixión de Jesús, Pedro negó vehementemente a su amigo tres veces, tal como Jesús lo había predicho. Pedro fue vencido por la profundidad de su pecado, y lloró amargamente al darse cuenta de su traición **(Mateo 26)**. Afortunadamente para Pedro, y para nosotros, esa no fue el final de su historia. Después de la resurrección de Jesús, Él se encontró con Pedro en la orilla del Mar de Galilea y le dio la oportunidad de una redención completa. Jesús no solo perdonó y restauró Su relación con Pedro, sino que también le confió la tarea de compartir las Buenas Nuevas de Su resurrección, comenzar la iglesia y alimentar a Sus ovejas **(Juan 21)**. Pedro recibió un nuevo comienzo esa mañana. ¡Nosotros también!

Pablo era un judío devoto y religioso que odiaba a los cristianos y buscaba detenerlos y destruirlos. Pensaba que sus creencias eran una blasfemia contra Dios Todopoderoso. No entendía que Jesús era el cumplimiento de toda la Ley y las profecías del Antiguo Testamento. Jesús eligió a este hombre—que anteriormente había aprobado la muerte de creyentes y deseaba arrestarlos—para llevar Su mensaje de salvación a todos, tanto judíos como gentiles. Jesús se encontró con Pablo en el camino a Damasco y cambió su vida para siempre **(Hechos 9)**. Pablo recibió un nuevo comienzo ese día. ¡Nosotros también!

Nuestro nuevo comienzo trae consigo un nuevo propósito—uno dedicado a servir al Señor y proclamar Su mensaje de salvación. Dios es tan bueno; no nos deja donde nos encuentra. Nos lleva a pastos verdes y a aguas tranquilas. Nos llama a una vida de aventura y sueños espectaculares completamente nuevos. Tiene un papel para nosotros en Su Reino, y eso requiere dejar atrás el pasado y avanzar hacia el futuro—un día a la vez, con Él como nuestro Señor.

Perdonarnos a nosotros mismos es una parte importante de nuestro camino hacia adelante. La Biblia dice que Dios ha alejado nuestros pecados de nosotros tan lejos como está el oriente del occidente—¡eso es una distancia enorme! Si Dios, que es perfectamente santo, puede perdonarnos nuestros pecados y pasar por alto nuestro pasado, entonces también deberíamos confiar en Él lo suficiente como para perdonarnos a nosotros mismos. El remordimiento y la vergüenza solo nos detienen. Pedro y Pablo podrían haberse quedado atrapados en la culpa y permitir que la autocondena dictara el resto de sus vidas, pero no lo hicieron. Creyeron en Jesús cuando les dijo que estaban perdonados. ¡Nosotros también debemos hacerlo!

¡Alabado sea Dios, somos una nueva creación! **2 Corintios 5:17** merece ser repetido: *"Por lo tanto, si alguno está en Cristo, es una nueva creación. ¡Lo viejo ha pasado, ha llegado ya lo nuevo!"*

1. Lee **2 Corintios 5:16-21**. ¿Qué significa el perdón de Dios para los que estamos en Cristo? ¿Cómo te impacta esto personalmente?

2. ¿Cómo quiere Dios usar tu vida redimida para Su propósito?

Llama al Señor y pídele que te ayude a perdonarte por tus transgresiones pasadas. Pídele que te ayude a creer que eres una nueva creación en Cristo, con un propósito renovado para tu vida.

Querido Señor, Tú eres el autor de la nueva vida,

Amén.

"Protege mi vida, rescátame;

no permitas que sea avergonzado,

porque en ti busco refugio.

²¹ Sean mi protección la integridad y la rectitud,

porque en ti he puesto mi esperanza.

²² ¡Libra, oh Dios, a Israel

de todas sus angustias!"

Salmo 25:20-22

SEMANA SIETE

Protección

"no nos dejes caer en la tentación y líbranos del mal".

Día 1: Acércate

Día 2: Venciendo la Preocupación

Día 3: Para Fortalecerte

Día 4: La Armadura de Dios

Día 5: Verdad y Justicia

Día 6: Paz y Fe

Día 7: Salvación y Espíritu

DÍA UNO

Acércate

Muchas personas culpan a Dios por las consecuencias de su pecado; lo acusan de tentarlos y de permitir que caigan. Para aclarar las cosas: Dios puede permitir que nuestra fe sea probada y refinada, pero nunca nos lleva a pecar. Ese es el trabajo del diablo, y lo hace bien. Satanás nos tienta con la intención de alejarnos de la bondad y pureza de Dios. No necesita ser muy creativo en sus esfuerzos; nos seduce usando nuestros propios deseos para desviarnos. Aunque hemos sido perdonados por nuestros pecados y estamos llenos del Espíritu Santo, todavía tenemos una lucha con nuestra carne. El apóstol Pablo aborda esta lucha en **Romanos 7:14-25**. Este increíble héroe de la fe admite que sus palabras y acciones no siempre se alinean con su nueva identidad en Cristo. Él es consciente de la batalla y la enfrenta de frente. Encuentra fortaleza y aliento deleitándose en la Ley de Dios. Nosotros también encontramos fuerza leyendo nuestras Biblias. Cuanto más almacenamos la Palabra de Dios en nuestros corazones, más conscientes somos del pecado y más efectivos somos para resistir la tentación.

Santiago 1:13-15 nos hace responsables de nuestras propias decisiones: *"Que nadie al ser tentado diga: «Es Dios quien me tienta». Porque Dios no puede ser tentado por el mal, ni tampoco tienta él a nadie. ¹⁴Todo lo contrario, cada uno es tentado cuando sus propios malos deseos lo arrastran y seducen. ¹⁵Luego, cuando el deseo ha concebido, engendra el pecado; y el pecado, una vez que ha sido consumado, da a luz la muerte."*

1 Corintios 10:13 (NTV): *"Las tentaciones que enfrentan en su vida no son distintas de las que otros atraviesan. Y Dios es fiel; no permitirá que la tentación sea mayor de lo que puedan soportar. Cuando sean tentados, él les mostrará una salida, para que puedan resistir."*

Cada vez que el pecado empieza a moverse en nuestro corazón y a ocupar nuestra mente, tenemos una decisión consciente que tomar: dejarnos desviar o elegir seguir el camino de Dios. A menudo, cuando llegamos a una encrucijada, un camino nos llevará a la bendición y el otro, muy posiblemente, a la destrucción **(Deuteronomio 11:26-28)**. El camino de la bendición requiere acercarse a Dios en sumisión a Su plan—Él con gusto nos muestra el camino. Esto exige que resistamos al diablo y sus tentaciones. ¡En todo esto, el Espíritu Santo es nuestro ayudador! Solo necesitamos escuchar y obedecer.

"¡Gracias a Dios! La respuesta está en Jesucristo nuestro Señor!" Romanos 7:25

Santiago 4:7-8 nos dice: *"Así que sométanse a Dios. Resistan al diablo y él huirá de ustedes. ⁸Acérquense a Dios y él se acercará a ustedes. ¡Pecadores, límpiense las manos! ¡Ustedes, los indecisos, purifiquen su corazón!"*

1. Satanás se aprovecha de tus debilidades cuando intenta desviarte. ¿Eres consciente de ciertos momentos o situaciones en las que eres más vulnerable—cuando estás cansado, hambriento, enojado, amargado, resentido, celoso, inseguro de ti mismo? ¿Cuando estás con ciertas personas? Explica con honestidad.

2. ¿Cómo puedes acercarte a Dios en esas situaciones? ¿Cómo puedes prepararte para resistir al diablo? Es bueno tener un plan con anticipación.

Antes de ir a la cruz, Jesús oró a Su Padre Celestial. También animó a sus discípulos diciendo: *"Permanezcan despiertos y oren para que no caigan en tentación. El espíritu está dispuesto, pero el cuerpo es débil»."* **(Mateo 26:41)**. Si Jesús les dijo a sus discípulos que oraran para resistir la tentación, entonces nosotros también deberíamos orar así. Comienza reconociendo tus luchas ante el Señor. Pídele que fortalezca tu espíritu.

Señor, me someto a Ti. Por favor, muéstrame la salida de la tentación.

Amén.

DÍA DOS

Venciendo la Preocupación

Levanta la mano si alguna vez te has preocupado. Sí, yo también—aunque no deberíamos permitir que nos consuma. La preocupación va en contra de nuestra fe y se opone a lo que Dios desea para nosotros. Nuestra preocupación, ansiedad y depresión deben ser confesadas y entregadas al Señor. De lo contrario, nos llevarán a lugares turbios donde no deberíamos andar. El Señor sacrificó Su vida para hacernos libres; pero debemos elegir conscientemente caminar en esa libertad. A veces es una decisión diaria, y otras veces es una temporada prolongada de resistencia. Debemos entregárselo a Dios una y otra vez, sin importar cuántas veces haga falta. Él no nos librará de algo que nos negamos a reconocer o soltar. El Señor no nos tienta a preocuparnos, dudar o temer; más bien, nos invita a confiar en Él.

Daniel fue echado en el foso de los leones, donde pasó la noche tranquilo, consciente de la Presencia de Dios **(Daniel 6)**. Tres jóvenes israelitas se negaron a adorar al rey y entraron con confianza en un horno de fuego ardiente **(Daniel 3)**. Todos se negaron a inclinarse ante sus preocupaciones o dejarse cautivar por el miedo. Dieron su lealtad al Señor y confiaron completamente en Él. Resistieron al diablo y a sus planes para destruirlos. Sabían que Dios tenía el poder de rescatarlos y se encomendaron a Su protección. Pudieron haberse preocupado y haber entrado en pánico; pudieron haber comprometido su fe, pero no lo hicieron. Su testimonio de resistencia, resiliencia y fe sigue inspirándonos hoy.

Jesús habló del problema de la preocupación y explicó cuán inútil y dañina puede ser. Al diablo le encantaría que tomáramos el anzuelo y nos sintiéramos desesperanzados, impotentes, y girando en círculos sin sentido, pero Jesús nos enseña un camino mejor—Él dice: *no se preocupen*. Nos recuerda que *Dios cuida de las flores y de las aves*. Y se nos da esta certeza: *cuánto más cuidará de ti* **(Mateo 6:25-34)**. La preocupación no puede arreglar nada ni añadir más horas a nuestro día; solo roba momentos preciosos de nuestra vida, una carga a la vez. Los planes del enemigo suelen ser muy sutiles—quiere mantenernos ocupados con ansiedad para que perdamos de vista al Señor y Sus promesas. El diablo sabe que la preocupación nos paraliza con miedos irracionales y nos vuelve ineficaces para el propósito del Señor. Quiere robarnos el gozo que nos pertenece como hijos de Dios. No tenemos que permitirlo; podemos aferrarnos a nuestras bendiciones **(Apocalipsis 3:11-12)**. ¡Dios nos las dio para siempre!

"Cuando en mí la angustia iba en aumento, tu consuelo llenaba mi alma de alegría."

Salmo 94:19

Resistamos la tentación de preocuparnos, llevando nuestros pensamientos cautivos a la obediencia de Cristo y enfocándonos en la verdad **(2 Corintios 10:5; Filipenses 4:6-8)**. Entreguemos nuestras preocupaciones al Señor antes de que se conviertan en algo más grande de lo que realmente son—Él puede manejarlo. ¡Dios está en el trono, vivamos como si realmente lo creyéramos! Pídele que te dé Su perspectiva.

"Depositen en él toda ansiedad, porque él cuida de ustedes." 1 Pedro 5:7

1. Lee **Mateo 6:25-34** para escuchar la exhortación de Jesús sobre la preocupación. ¿Qué dice Jesús que debemos buscar primero y por qué (6:33)? ¿Cómo puede esto aliviar nuestras ansiedades?

2. Lee **Filipenses 4:6-8** y escribe la receta de Dios para vencer la ansiedad.

¿Qué preocupación específica está pesando en tu corazón y mente? Dios puede ayudarte antes de que crezca más. Él te alejará de la tentación y te liberará de la prisión de la preocupación. Pídele que te llene de paz y te proteja ahora. Persiste en esta oración hasta que sea respondida. Adorar al Señor también eleva nuestra mirada por encima de nuestras circunstancias.

Padre Celestial, Tú sabes lo que necesito,

Amén.

DÍA TRES

Para Fortalecer

Mientras Satanás merodea por la tierra buscando a quién devorar, los ojos de Dios recorren el mundo con la intención de fortalecer a Sus hijos. Qué consuelo saber que Dios no nos ha dejado solos para enfrentar nuestras luchas. Con demasiada frecuencia pensamos que debemos tener fuerza de voluntad para ser fuertes y valientes, para enfrentar nuestros demonios, superar nuestro pasado y resistir la tentación, pero ese no es el caso. **Filipenses 4:13** nos recuerda: *"Todo lo puedo en Cristo que me fortalece."* El Señor del cielo y la tierra se ofrece para fortalecer nuestras almas, vigorizar nuestro espíritu, redirigir nuestra mente, guiarnos en la verdad y conducir nuestra vida. Cuando invitamos al Señor a fortalecernos, también encontramos una paz que sobrepasa todo entendimiento **(Salmo 29:11; Filipenses 4:7)**. Para disfrutar estas bendiciones y experimentar estos beneficios, primero debemos rendirnos y entregar plenamente nuestro corazón a Él, y buscar Sus caminos.

"El SEÑOR recorre con su mirada toda la tierra y está listo para ayudar a quienes le son fieles. De ahora en adelante tendrás guerras, pues actuaste como un necio»."

2 Crónicas 16:9

El poder divino de Dios obra a favor de Su pueblo, en ellos y a través de ellos, si le damos acceso. Podemos optar por mantener el control nosotros mismos, pero eso nunca es una buena idea. En cambio, lo sabio es confiar plenamente en nuestro Salvador. Nuestro conocimiento de Dios y Su autoridad, gloria, amor y misericordia, combinado con nuestra comprensión de nuestra identidad en Cristo, nos equipa para cada desafío y obstáculo que enfrentamos. El Señor no nos ha dejado huérfanos, sino que constantemente nos busca con el propósito de guiarnos y cuidarnos—y a veces eso incluye Su disciplina amorosa. Dios está de nuestro lado, deseando que venzamos la tentación y elijamos Su camino—en cada decisión. Nuestras decisiones incluyen qué palabras decir y qué acciones tomar—Dios quiere estar en el centro de todo. Todo comienza con el enfoque de nuestro corazón y nuestra mente. La fuerza se encuentra en la presencia del Señor. ¡Dios está con nosotros! **(Romanos 8:31)**. ¡Amén!

"Su divino poder, al darnos el conocimiento de aquel que nos llamó por su propia gloria y excelencia, nos ha concedido todas las cosas que necesitamos para vivir con devoción." 2 Pedro 1:3

Dios nos ha dado Su Espíritu Santo para morar en nuestros corazones, y Su Palabra Santa para revelarnos Sus caminos. Vencemos la tentación y caminamos en liberación del mal, orando en el Espíritu, buscando la verdad en la Biblia y apoyándonos en Su poder inmenso.

1. El **Salmo 119** es el capítulo más largo de la Biblia, con 176 versículos. Comparte la clave de la libertad y la felicidad duradera, algo que todos deseamos. Lee las siguientes porciones: **Salmo 119:1-48, 105-106**. A lo largo de sus meditaciones, el salmista usa expresiones como: *ley, estatutos, preceptos, mandamientos, decretos*, para representar la Palabra de Dios. ¿Cómo te bendice, fortalece y guía la Palabra de Dios?

2. Leer **Isaías 40:28-31**. Escribe el versículo **40:31**.

Confiesa tu esperanza en el Señor y pídele que te ayude a volar por encima de tus problemas, tus preocupaciones, tus miedos, tus pecados pasados y tus tentaciones presentes. Pídele que renueve tus fuerzas, tu resistencia y tu poder para vencer.

Señor, Tú eres el Dios eterno y el Creador. Ayúdame a volar como las águilas.

Amén.

DÍA CUATRO

La Armadura de Dios

Dios no nos ha dejado desinformados, desprotegidos ni mal preparados. Él ha expuesto al diablo como nuestro verdadero enemigo y ha revelado la fuente real de nuestra batalla. También nos ha mostrado cómo debemos luchar—no con nuestras propias fuerzas, sino con Su gran poder.

Efesios 6:10-18: "Por último, fortalézcanse con el gran poder del Señor. ¹¹Pónganse toda la armadura de Dios para que puedan hacer frente a las artimañas del diablo. ¹²Porque nuestra lucha no es contra seres humanos, sino contra poderes, contra autoridades, contra potestades que dominan este mundo de tinieblas, contra fuerzas espirituales malignas en las regiones celestiales. ¹³Por lo tanto, pónganse toda la armadura de Dios, para que cuando llegue el día malo puedan resistir hasta el fin con firmeza. ¹⁴Manténganse firmes, ceñidos con el cinturón de la verdad, protegidos por la coraza de justicia ¹⁵y calzados con la disposición de proclamar el evangelio de la paz. ¹⁶Además de todo esto, tomen el escudo de la fe, con el cual pueden apagar todas las flechas encendidas del maligno. ¹⁷Tomen el casco de la salvación y la espada del Espíritu, que es la palabra de Dios. ¹⁸Oren en el Espíritu en todo momento, con peticiones y ruegos. Manténganse alertas y perseveren en oración por todos los creyentes."

Se nos ha dado la armadura de Dios para vestirla. No es algo que tengamos que armar por nuestra cuenta. Su armadura provee todo lo que podríamos necesitar para pelear nuestras batallas—que en su raíz son espirituales. Puede parecer que nuestra batalla es con una situación actual, o con la persona que se interpone en nuestro camino o nos causa dolor; pero en realidad, los ataques que enfrentamos vienen directamente del diablo. **El libro de Apocalipsis (6:2)** revela el clímax de la historia de Dios. Algún día, Jesús regresará cabalgando como un conquistador en un caballo blanco, poniendo fin definitivamente a la muerte, el pecado y Satanás. Cuando ponemos nuestra fe en Jesús, nos unimos al lado vencedor. Somos rescatados del dominio de la oscuridad y llevados al Reino de la Luz **(Colosenses 1:11-14)**. Nos convertimos en ciudadanos e incluso herederos de la familia de Dios **(Efesios 2:19; Romanos 8:17)**. El diablo ya no tiene autoridad sobre nosotros, y llegamos a ser más que vencedores en Cristo **(Romanos 8:37-39)**. Aunque estamos de pie triunfantes con Jesús, Satanás intentará desanimarnos, desviarnos y derrotarnos cada día. La armadura de Dios tiene muchas piezas que encajan perfectamente—proporcionando protección para nuestro espíritu, mente y corazón. La Palabra de Dios describe y luego nos da instrucciones sobre cómo utilizar cada pieza.

1. Me gustaría que vuelvas a leer **Efesios 6:10-18**, y luego hagas una lista de cada pieza de la armadura aquí:

2. Ahora haz una lista de cada palabra o frase de acción que encuentres. Estos verbos se aplican a ti.

El Señor nos ofrece Su armadura, pero depende de nosotros ponérnosla y usarla. No es una acción única—debemos conscientemente vestirla cada día. El enemigo no detendrá sus ataques, por lo tanto, siempre debemos estar preparados. Usar la armadura de Dios es esencial para mantenernos firmes. Pide al Señor que te fortalezca con Su gran poder.

Querido Señor,

Amén.

DÍA CINCO

Verdad y Justicia

Durante el resto de la semana, examinaremos más de cerca cada pieza de la armadura de Dios. Descubriremos cómo encajan entre sí y cómo pueden impactar positivamente nuestras vidas. La armadura de Dios no se parece a ningún arsenal terrenal—nos da poder sobrenatural para mantenernos firmes en la fe y caminar con victoria sobre esta tierra.

"Por lo tanto, pónganse toda la armadura de Dios, para que cuando llegue el día malo puedan resistir hasta el fin con firmeza." Efesios 6:13

Hoy hablaremos de los dos primeros componentes de la armadura del Señor— hay un orden intencional para ponérselos. El primer artículo y fundamento es *el cinturón de la verdad*, y el segundo elemento esencial es *la coraza de justicia*.

"Manténganse firmes, ceñidos con el cinturón de la verdad, protegidos por la coraza de justicia..." Efesios 6:14

La versión RVR1960 dice: *"Estad, pues, firmes, ceñidos vuestros lomos con la verdad, y vestidos con la coraza de justicia..."* Ceñir los lomos significa estar listos para la acción, y el campo de batalla nos da mucha acción. Hay una buena razón para poner la verdad primero, ya que afecta cada pieza posterior. Si nuestra verdad está torcida, entonces nuestra armadura será defectuosa. Nuestra verdad debe estar fundada en la Palabra de Dios. Debemos creer que Jesucristo es el Señor y que Él es el único camino al Padre. Debemos elegir seguir la verdad de Dios por encima de las opiniones personales o las filosofías del mundo. A Satanás le encantaría persuadir a la gente de creer en cualquier cosa que no sea la Biblia— y lo hace muy bien si no estamos atentos. Cuanto más familiarizados estemos con la Palabra de Dios, menos probable será que caigamos en sus trampas. ¡Mantente firme y listo para la acción con la verdad bíblica como tu protección!

La *coraza de justicia* está directamente vinculada a nuestra idea de la verdad. Sabemos que Jesús es nuestro Señor, y confiamos en Él como Salvador—Él nos liberó del pecado y nos quitó la condenación. ¡Esa es la verdad! Al haber sido perdonados, nuestra respuesta agradecida es elegir vivir a Su manera—y eso es en justicia. Cada vez que pecamos, Satanás recibe una oportunidad para tener dominio sobre nosotros. Es como si le diéramos una invitación personal para causar estragos en nuestra vida. Obviamente, esto es algo que quisiéramos evitar. La coraza de justicia cubre todos nuestros órganos vitales, y lo más importante: protege nuestro corazón. El pecado es destructivo y Dios quiere protegernos de sus consecuencias. Ponerse la coraza de justicia significa mantenerse lejos del pecado y elegir la santidad frente a la tentación. Puedo imaginar el grito de rabia del diablo cuando dejamos que la justicia guíe nuestras decisiones. Protege tu corazón, porque es la puerta de entrada a todo lo demás en tu vida. Camina en justicia y sella tu armadura con firmeza. No le des acceso al enemigo; en cambio, rinde tu vida a Cristo.

1. Por favor, lee **Juan 8:31-32**. ¿Qué logra la verdad por nosotros?

2. Ahora lee **Efesios 4:17-24** y luego escribe los versículos **4:23-24**. ¿Cómo fuimos creados?

Ora y agradece a Dios por darte Su armadura y equiparte para la batalla. Pídele que te ayude a recordarla y usarla cada día.

Querido Padre Celestial,

Amén.

DÍA SEIS

Paz y Fe

La armadura de Dios se ensambla pieza por pieza, cubriéndonos de pies a cabeza con Su santa protección. Hasta ahora, el cinturón de la verdad está bien asegurado y nos prepara para la acción; y la coraza de justicia nos protege del pecado y sella nuestros corazones para el Reino de Dios. Los siguientes dos artículos que debemos ponernos son los zapatos de la paz y el escudo de la fe. La paz y la fe tienen un poder asombroso para ayudarnos a vencer la tentación y liberarnos del mal.

> *"y calzados con la disposición de proclamar el evangelio de la paz. ¹⁶Además de todo esto, tomen el escudo de la fe, con el cual pueden apagar todas las flechas encendidas del maligno." Efesios 6:15-16*

Los pies son partes muy importantes del cuerpo—soportan nuestro peso y nos llevan a donde necesitamos ir. Nos conducen por colinas y valles profundos. También pueden llevarnos a la tentación o acercarnos más al Señor. Lo que usamos en nuestros pies importa. Zapatos llenos de piedritas nos hacen cojear; sandalias mal ajustadas nos hacen tropezar. Cuanto más envejezco, más importantes se vuelven mis elecciones de calzado, y parecen afectar todo mi bienestar. Pueden causarme dolor o hacerme sentir como si caminara sobre nubes de comodidad. Siempre estoy buscando el par de zapatos perfecto—y Dios ha diseñado los adecuados para cada ocasión.

La versión RVR1960 traduce **Efesios 6:15** como: *"y calzados los pies con el apresto del evangelio de la paz."* El significado griego de "calzados" es atar firmemente a los pies. Qué hermosa imagen de sujetar nuestros pies firmemente al Evangelio de la Paz—caminar en un estado de paz dondequiera que vayamos. A través del sacrificio de Jesús en la cruz, nuestra relación con Dios ha sido restaurada—¡ese es el núcleo del Evangelio de la Paz! Ahora disfrutamos de paz con nuestro Padre Celestial **(Colosenses 1:20)**. Además, podemos experimentar la paz de Dios en nuestra vida diaria. Aunque surjan obstáculos y aparezcan problemas, podemos caminar seguros sabiendo que Dios tiene el control **(Filipenses 4:7)**. El pánico no podrá dominarnos y Satanás no podrá desequilibrarnos si nuestros pies están calzados con la paz de Dios. La paz de Dios, que se encuentra en el Evangelio, debe guiar nuestros pasos e influenciar nuestras decisiones y reacciones. Nuestra paz también es un testimonio para otros—se nota cuando no nos alteramos fácilmente—nuestra paz apunta a Dios. ¡Recuerda calzarte los zapatos de la paz hoy!

Nuestra siguiente pieza esencial de la armadura es el *escudo de la fe*. Seguramente has sentido los dardos encendidos del enemigo pasar rozándote e incluso has sufrido heridas por sus ataques directos. Satanás sabe exactamente qué flechas disparar y cuándo hacerlo—es muy oportunista. Continuamente lanza dudas, inseguridades, miedo, vergüenza, amargura y tentación hacia nosotros. La fe es nuestro escudo sin importar lo que venga. Elegir creer en Dios y confiar en que Él es bueno, es una forma segura de apagar las llamas dirigidas hacia nosotros. Se apagan antes de llegar a nuestro corazón. El escudo de la fe nos permite creer en las promesas de Dios por encima de lo que vemos o sentimos.

1. Según **Juan 16:33**, ¿cómo encontramos la paz? ¿Cómo esto te ayuda a cobrar ánimo?

2. Al leer **Colosenses 1:4-5**, ¿de dónde brota la fe? ¿Tu esperanza en Cristo se traduce en fe diaria también?

Pídele al Señor que te ayude a caminar en Su paz y a usar Su escudo de fe.

Querido Señor,

Amén.

DÍA SIETE

Salvación y Espíritu

"Tomen el casco de la salvación y la espada del Espíritu, que es la palabra de Dios. ¹⁸Oren en el Espíritu en todo momento, con peticiones y ruegos. Manténganse alertas y perseveren en oración por todos los creyentes." Efesios 6:17-18

Dos claves para ser vencedores son conocer nuestra identidad en Cristo y guardar la Palabra de Dios en nuestros corazones. Ponerse el *casco de la salvación* cada día significa recordar todos los beneficios que hemos recibido a través de nuestra relación con Jesús—somos escogidos, redimidos, incluidos, y hemos sido sellados con el Espíritu Santo. Tenemos la promesa de que Dios está con nosotros cada día, y la esperanza del Cielo en el horizonte. Somos hijos de Dios—hijos e hijas del Rey de reyes. Esta realidad debería motivarnos a guardar nuestro corazón y enfocar nuestra mente en las cosas celestiales. Debería impulsarnos hacia la justicia y advertirnos fuertemente contra el pecado. Debemos estar llenos de confianza en nuestra posición delante de Dios y de valentía al enfrentar diversas pruebas. Proteger nuestra mente con el casco de la salvación impide que el enemigo tome ventaja y asegura que no pueda desviarnos con sus mentiras. Somos quienes Dios dice que somos—¡herederos amados en Su poderoso Reino!

"En él también ustedes, cuando oyeron el mensaje de la verdad, el evangelio que les trajo la salvación, y lo creyeron, fueron marcados con el sello que es el Espíritu Santo prometido." Efesios 1:13

La *espada del Espíritu* es un componente esencial de nuestra armadura—es la *Palabra de Dios*, la verdad inmutable por la cual medimos todas las cosas. La Palabra de Dios tiene el poder de redirigirnos, animarnos, fortalecernos y poner al diablo en su lugar. Debe estar almacenada en nuestros corazones para que podamos acceder a ella rápidamente. Jesús usó la espada del Espíritu para refutar al diablo y rechazar sus tentaciones. Enfrentó con confianza las ofertas de Satanás usando las Sagradas Escrituras, comenzando cada una de Sus respuestas con las palabras: "Escrito está." No titubeó al responder; se mantuvo firme en las promesas de Su Padre **(Mateo 4:1-11)**. Nosotros podemos y debemos responder de la misma manera. La Palabra de Dios debe llenar nuestras mentes y saturar nuestros corazones. Debe brotar de nuestros labios en respuesta a situaciones tentadoras.

"El camino de Dios es perfecto; la palabra del SEÑOR es intachable. Escudo es Dios a los que se refugian en él." Salmo 18:30

1. Por favor, lee **Filipenses 2:15-16** y escribe la importancia de *aferrarse firmemente a la palabra de vida*, que es la Biblia.

2. ¿Cómo te equiparán mejor el *casco de la salvación* y la *espada del Espíritu* para vivir con mayor victoria?

La tentación es una encrucijada donde decidimos hacia dónde ir. El Señor siempre ofrece una salida, pero depende de nosotros escoger Su opción. Hemos nacido de nuevo por el Espíritu, y Él es nuestro maestro y guía. Se nos exhorta a orar en todo momento y estar siempre alertos. Así que hagámoslo ahora.

Querido Señor, ayúdame a recordar quién soy y a reclamar Tu Palabra en mi vida.

Amén.

"Dios mío, a ti clamo porque tú me respondes;

inclina a mí tu oído y escucha mi oración.

⁷Tú, que salvas con tu diestra

a los que buscan escapar de sus adversarios,

dame una muestra de tu gran amor.

⁸Protégeme como a la niña de tus ojos,

escóndeme bajo la sombra de tus alas

⁹de los malvados que me atacan,

de los enemigos que me han cercado."

Salmo 17:6-9

SEMANA OCHO

Guías de Oración

"Por esta razón me arrodillo delante del Padre..." Efesios 3:14

Día 1: Guía de Oración de Jesús

Día 2: Acrónimo A.C.T.S.

Día 3: Pide, Busca, Llama

Día 4: Velad y Orad

Día 5: Gozosos, Pacientes, Fieles

Día 6: Oración, Petición, Acción de Gracias

Día 7: Regocijaos, Orad, Dad Gracias

Esta semana ofrece una oportunidad para que ores de forma un poco más independiente. He proporcionado simples *guías de oración* para inspirar tus pensamientos y palabras. Oro para que el Espíritu te guíe y que las promesas de la Biblia vengan a tu mente y cobren vida para ti también. Espero que la inspiración fluya a la página mientras presentas tu alabanza, adoración y peticiones al Señor. No lo dudes ni lo sobreanalices; solo escucha al Señor y habla con honestidad desde tu corazón. Antes de comenzar, me gustaría enfocar nuestros corazones y mentes en el carácter de Dios y en Sus nombres, en los cuales podemos confiar. Estos pueden inspirar tu adoración e infundir confianza al presentar tus peticiones ante Él.

Dios es: santo, justo, recto, amoroso, bondadoso, misericordioso, lleno de gracia, poderoso y fuerte. El Señor es: infinito, eterno, inmutable, omnipresente, omnisciente, omnipotente, todo suficiente y soberano. A continuación, algunos de los nombres de Dios a los que podemos clamar en diversas situaciones y necesidades: Él es Creador, Sustentador, Gran Médico, Rey de reyes, Señor de señores, El Gran YO SOY, El Alfa y la Omega, Dios Todopoderoso, Padre Eterno. Él es el Dios que ve. Jesús es el Buen Pastor, el Cordero de Dios, el Hijo del Altísimo, el Verbo, el Pan de Vida y el Agua Viva. Él es nuestro Redentor, Salvador, Proveedor, Galardonador, Consejero Admirable y Príncipe de Paz. Jesús significa: el Señor salva. Emanuel significa: Dios con nosotros (**Mateo 1:23**).

1. ¿Qué característica de Dios necesitas alabar? ¿Qué atributo necesitas invocar para que Él supla tus necesidades actuales?

Ahora que hemos establecido una base firme y esencial sobre quién es el destinatario de nuestras oraciones, me gustaría compartir algunos versículos que subrayan la importancia de la oración en nuestras vidas:

Romanos 12:12, "Alégrense en la esperanza, muestren paciencia en el sufrimiento, perseveren en la oración."

Efesios 6:18-19, "Oren en el Espíritu en todo momento, con peticiones y ruegos. Manténganse alerta y perseveren en oración por todos los santos. 19 Oren también por mí, para que, cuando hable, Dios me dé las palabras necesarias para dar a conocer con valor el misterio del evangelio..."

Filipenses 1:9, "Esto es lo que pido en oración: que el amor de ustedes abunde cada vez más en conocimiento y en buen juicio."

Filipenses 4:6, "No se preocupen por nada; más bien, en toda ocasión, con oración y ruego, presenten sus peticiones a Dios y denle gracias."

Colosenses 1:9, "Por eso, desde el día en que lo supimos, no hemos dejado de orar por ustedes. Pedimos que Dios les haga conocer plenamente su voluntad con toda sabiduría y comprensión espiritual..."

Colosenses 4:2-4, "Dedíquense a la oración: perseveren en ella con agradecimiento 3y, al mismo tiempo, intercedan por nosotros a fin de que Dios nos abra la puerta para proclamar la palabra, el misterio de Cristo por el cual estoy preso. 4Oren para que yo lo anuncie con claridad, como debo hacerlo."

Colosenses 4:12, "Les manda saludos Epafras, que es uno de ustedes. Este siervo de Cristo Jesús está siempre luchando en oración por ustedes, para que con madurez se mantengan firmes cumpliendo en todo la voluntad de Dios."

1 Tesalonicenses 5:17, "Oren sin cesar."

2 Tesalonicenses 1:3, "Hermanos, siempre debemos dar gracias a Dios por ustedes, como es justo, porque su fe se acrecienta cada vez más y en cada uno de ustedes sigue abundando el amor hacia los otros."

2 Tesalonicenses 3:1-2, "Por último, hermanos, oren por nosotros para que el mensaje del Señor se difunda rápidamente y se le reciba con honor, tal como sucedió entre ustedes. 2Oren además para que seamos librados de personas perversas y malvadas, porque no todos tienen fe."

1 Timoteo 2:1, "Así que recomiendo, ante todo, que se hagan plegarias, oraciones, súplicas y acciones de gracias por todos..."

Santiago 5:13-18, "¿Está afligido alguno entre ustedes? Que ore. ¿Está alguno de buen ánimo? Que cante alabanzas. ¹⁴¿Está enfermo alguno de ustedes? Haga llamar a los líderes de la iglesia para que oren por él y lo unjan con aceite en el nombre del Señor. ¹⁵La oración de fe sanará al enfermo y el Señor lo levantará. Y si ha cometido pecados, sus pecados se le perdonarán. ¹⁶Por eso, confiésense unos a otros sus pecados y oren unos por otros, para que sean sanados. La oración del justo es poderosa y eficaz. ¹⁷Elías era un hombre con debilidades como las nuestras. Con fervor oró que no lloviera y no llovió sobre la tierra durante tres años y medio. ¹⁸Volvió a orar, y el cielo dio su lluvia y la tierra produjo sus frutos."

1 Pedro 4:7, "Ya se acerca el fin de todas las cosas. Así que, para orar bien, manténganse sobrios y con la mente despejada."

2. How do these Scriptures encourage you to pray? What is your greatest takeaway?

3. Is there a specific area you can grow in? Explain.

Praying in the Spirit

"Pero ustedes, queridos hermanos, edificándose sobre la base de su santísima fe y orando en el Espíritu Santo,

[21] manténganse en el amor de Dios, mientras esperan que nuestro Señor Jesucristo, en su misericordia, los lleve a vida eterna."

Judas 20-21

DÍA UNO

Guía de Oración de Jesús

Mateo 6:9-13

Padre nuestro que estás en el cielo, santificado sea tu Nombre...

venga a nosotros tu reino; hágase tu voluntad en la tierra como en el cielo...

Danos hoy nuestro pan de cada día ...

perdona nuestras ofensas, así como también nosotros perdonamos a los que nos ofenden...

no nos dejes caer en la tentación, y líbranos del mal...

DÍA DOS

A.C.T.S.

Un Acrónimo Sencillo

Adoración: *Te ofrezco toda mi alabanza y adoración...*

Confesión: *Señor, confieso mis pecados, mis fallas y mi necesidad de un Salvador...*

Tributo de gratitud: *Estoy tan agradecido(a) por tus misericordias, que son nuevas cada mañana. Hoy presento mi tributo de gratitud a ti Padre Celestial, por...*

Súplica: *Presento ante Ti mis peticiones, mis preocupaciones, mis necesidades y mis cargas...*

DÍA TRES

Pide, Busca, Llama

Mateo 7:7-8

Pide: *Señor, estoy pidiendo por...*

Busca: *Señor, seguiré buscando...*

Llama: *Señor, estoy llamando con insistencia...*

DÍA CUATRO

Velad y Orad

Mateo 26:41 (RVR 1960)

Velad: *Señor, ayúdame a estar alerta y vigilante; por favor, guárdame y protégeme...*

Orad: *Señor, escudriña mi corazón y escucha mis oraciones...*

DÍA CINCO

Alégrense, Paciencia, Perseveren

Romanos 12:12

Alégrense: *Padre celestial, estas son las razones de mi gozo...*

Por favor, ayúdame a experimentar más plenamente Tu gozo...

Paciencia: *Señor, gracias por Tu paciencia conmigo...*

Ayúdame a ser paciente en el proceso y en la espera...

Perseverar: *Tú, Dios, me das la perseverancia para seguir adelante...*

Ayúdame a perseverar en mi caminar contigo...

DÍA SEIS

Oración, Petición, Acción de Gracias

Filipenses 4:6

Oración: *Señor, escucha mis oraciones...*

Petición: *Estas son las peticiones de mi corazón...*

Acción de Gracias: *Estoy muy agradecido por...*

DÍA SIETE

Alégrense, Oren, Den Gracias

1 Tesalonicenses 5:16-18

Alégrense: *Señor, me regocijo en Tu Presencia...*

Oren: *Me presento ante Tu Trono y oro...*

Den gracias: *Doy gracias por todas mis bendiciones—mi esperanza, paz, amor y gozo...*

SEMANA NUEVE

Devocionales de Oración

"Esta es la oración al Dios de mi vida:
que de día el SEÑOR envíe su amor y de noche su canto me acompañe." Salmo 42:8

Día 1: Nuestra Luz

Día 2: Nuestro Escudo

Día 3: Nuestro Refugio

Día 4: Nuestro Consuelo

Día 5: Su Fruto

Día 6: Su Amor

Día 7: Su Morada

DÍA UNO

Nuestra Luz

«En el principio Dios creó los cielos y la tierra.» Génesis 1:1

Amado Padre Celestial,

Tú eres el Creador del cielo y de la tierra, y solo Tú reinas con autoridad sobre toda Tu creación. Tú trajiste orden al caos del cosmos, y continúas trayendo paz a nuestras vidas. Tienes un propósito para todo, y das significado a cada persona que ha sido formada por Tus poderosas manos. Nos creaste con el propósito específico de tener una relación contigo. Toda la creación testifica de Tu bondad y las galaxias declaran Tu gloria. Separaste la luz de las tinieblas con solo pronunciar Tu Palabra. Pusiste las estrellas en los cielos e hiciste que el sol y la luna brillaran en el firmamento. Enviaste a Jesús para ser nuestra verdadera Luz, iluminando el camino y guiándonos hacia Tus brazos llenos de amor. Tu luz y Tu amor irradian en nuestros corazones y calientan nuestras almas. Gracias, Señor, por sacarnos de la oscuridad y llevarnos a Tu Reino Celestial.

Amén.

«Mientras esté yo en el mundo, luz soy del mundo.» Juan 9:5

«Por medio de él todas las cosas fueron creadas; sin él, nada de lo creado llegó a existir. ⁴En él estaba la vida y la vida era la luz de la humanidad. ⁵Esta luz resplandece en la oscuridad y la oscuridad no ha podido apagarla.» Juan 1:3-5

Para más inspiración, abre tu Biblia y lee el **Salmo 104:1-35**, y luego escribe tu propia oración a tu amoroso y todopoderoso Creador.

Oración y Notas:

DÍA DOS

Nuestro Escudo

«Mi escudo está en Dios que salva a los de corazón sincero.» Salmo 7:10

Dios Altísimo,

Tú eres el Dios que bendice, libera y provee. Solo Tú eres digno de nuestra adoración. Todo don bueno y perfecto proviene de Tu mano soberana. Nos das la victoria sobre nuestros enemigos y nos muestras Tu favor en esta tierra. Cuando el mal parece triunfar, solo necesitamos recordar que Tú aún reinas desde Tu trono en lo alto. Siempre estás en completo control; nada sucede fuera de Tu conocimiento o permiso. Señor, ayúdame a mantener mis ojos en Ti; a caminar por cada valle sabiendo que Tú estás conmigo; a salir al otro lado y estar contigo en la cima del monte. Tus planes para mí siempre son buenos, y gracias a Dios, siempre prevalecen. Tú allanas el camino delante de mí; tomas mi mano y caminas a mi lado; me proteges desde atrás. Me libras del mal y envías ángeles para defenderme. Eres mi torre fuerte y segura. Me rodeas con una protección divina por todos lados. Todo lo que tengo y todo lo que soy, Te pertenece. Estoy agradecido de que Tú eres Dios Altísimo, soberano sobre este mundo—y sobre mí. Meditar en Ti y en Tus promesas que me sostienen me brinda una paz indescriptible que sobrepasa todo entendimiento.

Amén.

« El que habita al abrigo del Altísimo

descansará a la sombra del Todopoderoso.» Salmo 91:1

2 Samuel 22:1-20 relata las numerosas maneras en que Dios Altísimo descendió del cielo para rescatar a David. Este es el mismo Dios que te rescata a ti y a mí. Te animo a leer este pasaje y pedirle a Dios que te lleve a lugares espaciosos.

Oración y Notas:

DÍA TRES

Nuestro Refugio

«SEÑOR de los Ejércitos, ¡dichosos los que en ti confían!» Salmo 84:12

Señor Todopoderoso,

No hay nadie como Tú. Solo Tú eres santo, justo, perfecto y bueno en todos Tus caminos. Tú eres mi fortaleza, mi libertador, mi guardián y mi roca. Eres el Dios de Israel—fiel a Tus promesas y a Tu pueblo. Eres Dios para todos los que ponen su fe en Jesús. Disciplinas a los que amas para cumplir Tu buen propósito. Con compasión refrescas al cansado y satisfaces al débil de corazón y cuerpo. Eres el Dios del cielo, que reina desde Tu trono en lo alto. Tienes autoridad sobre los días y las estaciones, sobre reyes y gobernantes, y sobre cada aliento que respiro. Tú conoces y ves todas las cosas: pasadas, presentes y futuras. Eres la fuente de toda sabiduría y poder, y das conocimiento de Tus caminos y fortaleza a los que te buscan con sinceridad. Eres nuestro refugio y consuelo en tiempos de angustia. Confío plenamente en Ti. Gracias, Señor, por darte a conocer y permitirnos ascender a Tu monte santo donde se encuentran bendiciones en Tu presencia. ¡Señor, quiero más de Ti!

Amén.

«Prueben y vean que el SEÑOR es bueno; dichosos los que se refugian en él.»

Salmo 34:8

«Los que buscan al Señor no carecen de ningún bien.» El Señor tiene todo lo que necesitamos. Sus bendiciones son abundantes, generosas y exquisitas. Son invaluables y dan vida. Él responde, libera, rescata, está cerca y salva. Lee el **Salmo 34:1-22** para conocer más acerca de la generosidad del Señor hacia quienes lo aman y buscan refugio en Él. Dile al Señor lo que significan para ti estas bendiciones.

Oración y Notas:

DÍA CUATRO

Nuestro Consuelo

«Como el SEÑOR le había hablado, Agar le puso por nombre «El Dios que me ve», pues se decía: "Ahora he visto al que me ve". Génesis 16:13

Querido Señor,

Tú eres el Dios que me ve. Me viste en el vientre de mi madre cuando nadie más sabía aún que existía. Has visto cada momento de mi vida, y nunca dejas de estar conmigo. Todos los días de mi vida—pasados, presentes y futuros—están delante de Ti y escritos en Tu libro. No hay nada de mí que pase desapercibido para Ti ni que esté fuera de Tu cuidado. Has contado los cabellos de mi cabeza y has llevado un registro de todas mis lágrimas. Tú eres el Dios que ve, oye, cuida y actúa a mi favor. Por favor, abre mis ojos y hazme consciente de Tu constante cercanía. Recuérdame que nunca estoy solo, nunca soy olvidado, nunca ignorado ni despreciado. Ayúdame a sentir Tus fuertes brazos rodeándome, a escuchar Tus palabras de consuelo en mis oídos. Abre mis ojos a Tu presencia constante. Tú eres mi ayuda y mi esperanza, y calmas mis temores. Gracias, Señor.

Amén.

«Él les tiene contados aun los cabellos de la cabeza.» Mateo 10:30

El Salmo 119:145-152 nos recuerda que el Señor está cerca y que Sus mandamientos son verdaderos. Cada palabra que sale de la boca de nuestro Padre tiene el propósito de preservar nuestra vida y fortalecer nuestra alma. Dios es bueno todo el tiempo y derrama Su bondad sobre nosotros. Cuando clamamos a Él, nos salva. Te animo a leer el **Salmo 119:145-152** y luego orar conforme a lo que el Señor te muestre.

Oración y Notas:

DÍA CINCO

Su Fruto

«Esto es lo que pido en oración: que el amor de ustedes abunde cada vez más en conocimiento y en buen juicio. ¹⁰Así podrán discernir lo que es mejor y ser puros e irreprochables para el día de Cristo; ¹¹llenos del fruto de justicia que se produce por medio de Jesucristo, para gloria y alabanza de Dios.» Filipenses 1:9-11

La Biblia está llena de hermosas oraciones escritas por personas piadosas. Sus palabras pueden haber sido pronunciadas y registradas hace siglos, pero aún se aplican perfectamente a nosotros hoy. Sus oraciones y peticiones a menudo inspiran el contenido de las mías propias—puedo cambiar el modo de expresarlas, pero el significado detrás de ellas sigue siendo el mismo. Tú también puedes usar la oración del apóstol Pablo en Filipenses como inspiración para tu propia súplica.

Oh Señor,

Esta también es mi oración. Oro para conocer y comprender más profundamente Tu amor por mí y por cada ser humano que Tú has creado. Oro para que, como resultado, mi amor por los demás crezca y se desborde en Tu Nombre. Por favor, expande el amor que has derramado en mi corazón hasta que no pueda contenerlo más. Que yo sea Tu vaso de misericordia y gracia en este mundo. Ayúdame a elegir lo que es bueno, puro y justo según Tu Palabra. Dame discernimiento para reconocer lo que es mejor y lo que es dañino. Ayúdame a ver claramente la diferencia entre el bien y el mal, la luz y la oscuridad. Oro esto no solo por mí, sino también por mis seres queridos. Guárdanos del mal y llénanos del fruto de justicia—esto solo es posible porque Tu Espíritu trabaja constantemente en nosotros para refinarnos. Gracias, Dios, por no dejarnos solos, sino por caminar con nosotros en este viaje. Enséñanos Tus caminos, muéstranos Tu senda, usa nuestras vidas para glorificarte y darte alabanza. ¡Gracias, Señor Dios Todopoderoso, todo don bueno y perfecto proviene de Tu mano! Amén.

Oración y Notas:

DÍA SEIS

Su Amor

«Le pido que, por medio del Espíritu y con el poder que procede de sus gloriosas riquezas, los fortalezca a ustedes en lo íntimo de su ser, [17] para que por fe Cristo habite en sus corazones. Y pido que, arraigados y cimentados en amor, [18] puedan comprender, junto con todos los creyentes, cuán ancho y largo, alto y profundo es el amor de Cristo. [19] En fin, que conozcan ese amor que sobrepasa nuestro conocimiento, para que sean llenos de la plenitud de Dios. [20] Al que puede hacer muchísimo más que todo lo que podamos imaginarnos o pedir, por el poder que obra eficazmente en nosotros, [21] ¡a él sea la gloria en la iglesia y en Cristo Jesús por todas las generaciones, por los siglos de los siglos! Amén!» Efesios 3:16-21

Esta es una de mis oraciones favoritas en la Biblia. Conocer el amor de Dios lo cambia todo en la vida de una persona. Oro esta oración por mí misma, y también inserto los nombres de familiares y amigos que necesitan conocer el amor que Dios tiene por ellos. El amor de Dios es el fundamento firme sobre el cual podemos plantar nuestros pies; es el ancla que nuestras almas inquietas necesitan. Anhelamos amor, y Dios es el único que puede satisfacer ese anhelo. Dios es amor, y todo amor proviene de Él. He escrito una oración basada en las palabras de Pablo, y te animo a hacer lo mismo. Ora por ti y por las personas en tu vida para que conozcan a Jesús y el amor que Dios les tiene.

«Así manifestó Dios su amor entre nosotros: en que envió a su Hijo único al mundo para que vivamos por medio de él. [10] En esto consiste el amor: no en que nosotros hayamos amado a Dios, sino en que él nos amó y envió a su Hijo para que fuera ofrecido como sacrificio por el perdón de nuestros pecados.» 1 Juan 4:9-10

Dios Todopoderoso,

El cielo guarda un almacén de riquezas que están más allá de mi comprensión. Tú tienes todo lo que pueda necesitar para la vida diaria, mientras espero Tu Reino venidero. Toda la gloria y la honra te pertenecen. Toda fuerza y poder se encuentran en Ti. Entrego mi vida en Tus manos capaces y me confío a Tu amoroso cuidado. Creo que Tú eres bueno, misericordioso, lleno de gracia y bondad; eres soberano, santo, justo y recto. Elijo caminar por fe y no por vista. Sé que me amas, pero a veces encierro Tu amor en una caja—aunque en realidad Tu amor es más grande y más inmenso de lo que puedo imaginar. Ayúdame a comprender cuán enorme es Tu amor por mí—dame esta revelación sobrenatural. Recuérdame mirar siempre a la Cruz, porque ella revela cuán alto, profundo y ancho es Tu amor por mí y por toda la humanidad. Tu amor descendió desde las alturas del cielo hasta la tierra. Tu amor se demostró en los brazos extendidos de Jesús en la cruz. Tú entregaste a Tu Hijo por mí. Ayúdame a entender mejor este amor. Sé que el amor es la esencia de quién eres, ¡y transforma a todo aquel que lo experimenta! Lléname con toda la plenitud de lo que tienes para ofrecer. Vengo a Ti en oración sabiendo que Tú tienes todas las respuestas. Tu poder está obrando en mí, haciendo cosas maravillosas para Tu gloria. Oro para que Tu amor se vuelva tangiblemente real para mí; que inunde mi corazón y llene cada rincón de mi vida. Oro estas cosas no solo por mí, sino también por mi familia y amigos. Sé que Tu amor tiene el poder de transformar vidas, y deseo esto para todos mis seres queridos. ¡Dales también a ellos una revelación de la magnitud de Tu amor! Gracias, Señor Dios, por quién eres.

Amén.

Comienza tu oración aquí y continúa en la siguiente página si es necesario. Añade a tu oración a medida que vengan a tu mente más seres queridos que necesitan experimentar el amor de Dios. Sigue orando para que Dios se revele, y Él lo hará, en Su forma perfecta y en Su tiempo soberano.

Oración y Notas:

DÍA SIETE

Su Morada

«¡Cuán hermosas son tus moradas, SEÑOR de los Ejércitos! ²Anhelo con el alma los atrios del SEÑOR; casi agonizo por estar en ellos. Con el corazón, con todo el cuerpo, canto alegre al Dios vivo. ³SEÑOR de los Ejércitos, Rey mío y Dios mío, aun el gorrión halla casa cerca de tus altares; también la golondrina hace allí su nido, para poner sus polluelos. ⁴Dichosos los que habitan en tu Templo y sin cesar te alaban. *Selah* ⁵Dichoso el que tiene en ti su fortaleza, que de corazón camina por tus sendas. ⁶Cuando pasa por el valle de las Lágrimas lo convierte en región de manantiales; también las lluvias tempranas cubren de bendiciones el valle. ⁷Según avanzan los peregrinos, cobran más fuerzas, hasta que contemplan a Dios en Sión. ⁸Oye mi oración, SEÑOR Dios de los Ejércitos; escúchame, Dios de Jacob. *Selah* ⁹Oh Dios, escudo nuestro, pon sobre tu ungido tus ojos bondadosos. ¹⁰Vale más pasar un día en tus atrios que mil fuera de ellos; prefiero cuidar la entrada de la casa de mi Dios que habitar entre los malvados. ¹¹El SEÑOR es sol y escudo; Dios nos concede honor y gloria. El SEÑOR no niega sus bondades a los que se conducen con integridad. ¹²SEÑOR de los Ejércitos, ¡dichosos los que en ti confían!» —Salmo 84:1-12

¡La Palabra de Dios es verdaderamente inspiradora! He escrito una oración en respuesta a los sentimientos del salmista, y te invito a hacer lo mismo. Abre tu corazón y dile a Dios exactamente lo que Él significa para ti. Alábalo, agradécele, y pídele que llene tus anhelos con Su perfecta satisfacción.

Querido Señor,

El salmista que escribió estas palabras lo hizo desde la experiencia personal—día tras día ministraba en Tu santo Templo, y conoce el privilegio de estar en Tu presencia. Él ha entrado en Tu reposo, ha sentido Tu amor, ha experimentado Tu protección y ha disfrutado de Tus bendiciones. Sus palabras representan perfectamente los clamores de mi corazón y expresan elocuentemente pensamientos que a veces me cuesta describir. Morar en Tu gloriosa presencia es mi deseo más profundo y mi mayor alegría. Estar cerca de Ti, Señor, es alcanzar la verdadera paz, esperanza, amor y gozo. Tú eres el cumplimiento de todos mis anhelos y el fin de toda mi búsqueda—contigo encuentro plenitud. Tú eres la fuente de toda bendición que vale la pena perseguir. Mi alma anhela estar cerca de Ti—verdaderamente, no hay nada mejor. Gracias, Señor, por invitarme a Tu hermosa morada; es donde más me siento en casa.

Amén.

Vuelve a leer el **Salmo 84:1-12** y luego escribe tu propia oración al Señor.

Oración y Notas:

Palabras Finales de Ánimo

Nuestro tiempo juntos ha llegado a su fin, pero tu caminar con el Señor continúa para siempre. Mi esperanza es que sigas abriendo tu Biblia con el deseo de escuchar a Dios, y que persevere en tu vida de oración. Dios está hablando, solo debemos escuchar; Dios está escuchando, solo debemos compartir con Él nuestras alegrías, preocupaciones y cargas. Podemos orar por cualquier cosa que esté en nuestro corazón o nos pese en la mente. Debemos alabar a Dios por Su santidad y agradecerle por Su bondad hacia nosotros. Podemos contarle nuestras aflicciones, pedirle sanidad, guía e intervención divina. Dios tiene el poder, y con amor lo extiende. Nos invita a una dulce y constante comunión con Él. Él es antes de todas las cosas, está en todas las cosas, y tiene las respuestas que necesitamos. Su Presencia nos acompaña dondequiera que vayamos. Él es nuestro refugio en tiempos difíciles. Es nuestra fuente de seguridad y confianza en este mundo. Ha prometido estar con nosotros ahora, y también ha prometido regresar por nosotros para que podamos estar con Él por toda la eternidad. Nuestra esperanza está en el Señor—Él ha demostrado Su amor y fidelidad a través del sacrificio de Su Hijo Jesucristo.

La Biblia está llena de promesas y palabras de ánimo para que las reclamemos y nos aferremos a ellas. Sigue leyendo. Sigue orando. Continúa escribiendo tus oraciones de adoración y petición. Tu relación con el Señor es la clave para una vida plena.

Gracias por haber compartido este tiempo conmigo. Aunque nunca nos conozcamos en persona, quiero que sepas que estoy orando por ti.

Con amor y bendiciones, *Tracy*

> »"El SEÑOR te bendiga y te guarde;
>
> [25] el SEÑOR haga resplandecer su rostro sobre ti
>
> y te extienda su amor;
>
> [26] el SEÑOR mueva su rostro hacia ti
>
> y te conceda la paz".» —*Números 6:24-26*

"A ti clamo, SEÑOR, ven pronto a mí.

Escucha mi voz cuando a ti clamo.

² Que suba a tu presencia mi oración como una ofrenda de incienso,

mis manos levantadas como el sacrificio de la tarde."

Salmo 141:1-2

Guía para Líderes

Sugerencias para Discusiones en Grupos Pequeños

Mis videos de resumen están diseñados para verse después de haber completado tu tarea semanal. Los videos están disponibles en mi sitio YouTube: **www.youtube.com/@beblessedandinspiredwithtracy/videos**

Introducción—Aquí tienes algunas ideas para comenzar:

1. Tomen un café, pónganse cómodas, comiencen con una oración y conózcanse entre ustedes. (Estas son tus hermanas en Cristo y compañeras de viaje).
2. Recuerda a todas que este es un lugar seguro para compartir corazones y peticiones de oración. Todo debe mantenerse confidencial dentro del grupo. Traten de mantenerse en el tema para que todas tengan oportunidad de compartir.
3. Preséntense y compartan brevemente algo sobre ustedes—comida favorita, pasatiempo o cualquier otra cosa que consideren importante, divertida o interesante.
4. Pregunten a cada una cómo es actualmente su vida de oración y de qué manera les gustaría mejorarla.
5. Vean el video de Introducción y terminen el tiempo juntas con oración. Prepárense para comenzar la Semana Uno del cuaderno de trabajo.

Semana Uno—Ora de esta Manera

1. Comiencen con una oración. Compartan sus impresiones generales y los mayores aprendizajes.
2. Vean el video de resumen de la Semana Uno.
3. Pidan a alguien que lea **Mateo 6:5-13** en voz alta.
4. Ahora lean juntas en voz alta el Padrenuestro **(Mateo 6:9-13)**.
5. ¿Cómo ha cambiado, mejorado o profundizado su comprensión del Padrenuestro?
6. ¿Cómo te anima la vida de oración de Jesús a orar? Analicen los versículos y las preguntas 1-6 del Día Uno, *Como Jesús*.
7. ¿Qué parte de la oración de Jesús te emociona más profundizar?
8. Cierren su tiempo juntas en oración y pidan.

Semana Dos—Adoración

1. Comiencen con oración. Compartan impresiones generales de la lección.
2. Vean el video de resumen de la Semana Dos.
3. Lean juntas en voz alta **El Padre Nuestro (Mateo 6:9-13)**.
4. ¿Qué aspecto del carácter de Dios te resultó más fácil adorar? ¿Cuál fue el más significativo para ti? ¿Por qué?
5. ¿Qué versículos alentaron tu corazón?
6. ¿Cómo cambia la adoración la dirección de tus oraciones y tu perspectiva?
7. **Apocalipsis 4:1-11** describe la visión del apóstol Juan del Cielo y el honor que se le da al Señor. Lean estos versículos en voz alta y comenten cómo afectan su visión de Dios.
8. Cierren su tiempo juntas en oración—comiencen y terminen con adoración.

Semana Tres—Sumisión

1. Comiencen con oración. Compartan su mayor aprendizaje y sus versículos favoritos.
2. Vean el video correspondiente a la Semana Tres.
3. La sumisión no es fácil; requiere una gran cantidad de confianza. ¿Qué día de la semana te ayudó a que la entrega fuera un poco más fácil?
4. Pidan a una voluntaria que lea **Mateo 5:3-6** en voz alta—analicen las preguntas 1 y 2 del Día Uno, *La Autoridad de Dios*.
5. Analicen las preguntas 1 y 2 del Día Cuatro, *Buscando la Voluntad de Dios*.
6. Compartan sus respuestas a la pregunta 2 del Día Seis, *Obediencia Inmediata*.
7. ¿Cómo te inspira fijar tus ojos en Jesús a seguirlo?
8. Cierren su tiempo juntas en oración—enfocadas en la sumisión.

Semana Cuatro—Gratitud

1. Comiencen con oración. Compartan cuál fue el día más inspirador de la semana.
2. Vean el video correspondiente a la Semana Cuatro.
3. ¿Cómo ha mejorado tu vida de oración? ¿En qué áreas aún estás luchando?
4. ¿Cómo ha impactado tu actitud el contar tus bendiciones y agradecer a Dios?
5. Día Uno, *Entrando*—que alguien lea el **Salmo 100:1-5** en voz alta, luego comenten la pregunta 2.
6. Día Dos, *Beneficios Abundantes*—lean el **Salmo 103:1-22**; discutan las preguntas 1 y 2.
7. Día Tres, *Cada Bendición*—lean **Efesios 1:3-14**; discutan las preguntas 1 y 2.
8. Concluyan su tiempo juntas en oración—enfocadas en acción de gracias.

Semana Cinco — Peticiones

1. Comiencen con una oración. Compartan su mayor aprendizaje de la semana.
2. Vean el video correspondiente a la Semana Cinco.
3. Comparte cómo adorar a Dios y agradecerle por sus provisiones pasadas te ayuda a confiar en Él con tus necesidades diarias actuales.
4. ¿Qué aspecto de la oración necesitas trabajar más—con seguridad, persistencia, fervor, especificidad, valentía, expectativa o fidelidad? Explica.
5. Día Uno, *Con Seguridad*—lean el **Salmo 71:5-8** y comenten la pregunta 2.
6. Día Cinco, *Con Valentía*—lean **Marcos 5:21-34** y comenten las preguntas 1 y 2.
7. Día Seis, *Con Expectativa*—analicen las oraciones expectantes de Elías y respondan las preguntas 1 y 2.
8. Cierren su tiempo juntas orando por sus peticiones específicas.

Semana Seis — Confesión

1. Comiencen con una oración. Compartan sus pensamientos sobre la lección.
2. Vean el video correspondiente a la Semana Seis.
3. Compartan cuándo fue la primera vez que confesaron a Jesús como su Señor y Salvador.
4. Día Tres, *Eliminando Barreras*—lean por turnos el **Salmo 51:1-19** y respondan las preguntas 1 y 2.
5. Día Cuatro, *Muertos al Pecado*—lean **2 Corintios 5:17**; discutan la pregunta 2.
6. Día Cinco, *Perdonar Como Dios*—compartan sus respuestas a las preguntas 1 y 2.
7. Día Seis, *Arrepentimiento y Avivamiento*—lean **2 Crónicas 7:14** y luego el **Salmo 85:1-13**; discutan las preguntas 1 y 2.
8. Concluyan su tiempo juntas en oración—alaben a Dios en voz alta, oren unas por otras, y luego tomen un momento de confesión silenciosa.

Semana Siete — Protección

1. Comiencen con una oración. Compartan lo que aprendieron esta semana.
2. Vean el video correspondiente a la Semana Siete.
3. Día Uno, *Acércate*—lean Santiago 4:7-8; discutan las preguntas 1 y 2.
4. Día Dos, *Venciendo la Preocupación*—lean **1 Pedro 5:7 y Mateo 6:25-34**; discutan las preguntas 1 y 2.
5. Día Tres, *Para Fortalecer*—lean **2 Pedro 1:3**; discutan las preguntas 1 y 2.
6. Día Cuatro, *La Armadura de Dios*—lean **Efesios 6:10-18**; discutan todas las piezas de la armadura y cómo ayudan a mantenerse firmes.
7. Día Siete, *Salvación y Espíritu*—discutan las preguntas 1 y 2.
8. Cierren con oración—adoren, den gracias, compartan necesidades y pidan protección.

Semana Ocho — Guías de Oración

1. Comiencen con una oración. Compartan impresiones generales de la semana: ¿cuál fue el mayor aprendizaje o aliento recibido?
2. Vean el video correspondiente a la Semana Ocho.
3. Pidan a cada persona que lea sus versículos favoritos de las páginas 130-131.
4. Compartan cómo ha crecido su vida de oración al practicarla diariamente.
5. Compartan testimonios de cómo Dios ha respondido sus oraciones.
6. Compartan necesidades por las cuales aún están esperando respuestas.
7. ¿Qué Guía de Oración inspiró más tus oraciones?
8. Cierren su tiempo orando unas por otras. Si se sienten cómodas, compartan una de sus oraciones de la semana con el grupo.

Semana Nueve — Devocionales de Oración

1. Comiencen con una oración. Compartan impresiones sobre la semana y el estudio completo.
2. Vean el video correspondiente a la Semana Nueve.
3. Pidan a algunos voluntarios que lean el **Salmo 104:1-35**.
4. ¿Cómo ha ayudado leer tu Biblia a inspirar y profundizar tu vida de oración?
5. ¿Qué efecto tiene en tus oraciones el comenzar con alabanza a Dios?
6. ¿Cómo cambia tu perspectiva el agradecer al Señor?
7. ¿Cómo mantiene la confesión abiertas las líneas de comunicación con Dios?
8. Lean **Génesis 16:13** (Está escrito en la parte superior del Día Cuatro, *Nuestro Consuelo*).
9. Concluyan su tiempo juntas en oración. Dense abrazos y comprométanse a mantenerse en contacto y seguir orando unas por otras.

Muy Agradecida

Para mi papá, quien ha sido una extensión del amor de mi Padre Celestial hacia mí. Papá, eres amoroso, amable, fuerte y atento. Eres un hombre de carácter y honor. Te agradezco por amarme en cada momento de mi vida; por darme la bienvenida a este mundo y a tu corazón. Gracias por los paseos al parque, por empujarme en los columpios, por los viajes a Disneyland, y por los momentos divertidos visitando tu trabajo. Gracias por los conos de helados de sabor a chicle y por los helados flotantes de "root beer". Gracias, papá, por estar siempre ahí para mí—en tiempos de celebración y en momentos difíciles. Gracias por ser tú.

Gracias por diseñar el corazón que aparece a lo largo de este libro y por reunir los elementos de la portada. ¡Te quiero!

Un Poco Sobre Tracy...

Antes que nada, soy una mujer que ama al Señor con todo su corazón. Estoy casada con un hombre maravilloso y soy madre de dos jóvenes (que antes fueron niños pequeños). Soy hija, hermana, amiga y vecina. Tuve un perro muy querido durante 17 años maravillosos. Disfruto dar paseos al aire libre, me gustan los chips de tortilla con salsa, me encanta viajar y tomar fotografías, amo todas las flores, pero las rosas son mis favoritas. Disfruto servir en el ministerio de mujeres de mi iglesia, dirigiendo estudios bíblicos y enseñando a otros acerca de la esperanza, alegría, paz y confianza que les corresponden como hijos de Dios. Escribo para inspirar a otros a profundizar su relación con Jesús a través del estudio de Su Palabra. Aunque nuestras vidas no se parezcan exactamente, estoy segura de que tenemos mucho en común. Todos tenemos altibajos y enfrentamos días buenos y malos. De verdad te agradezco por acompañarme en este viaje y espero que encuentres ánimo mientras buscamos al Señor juntos.

Descubre mi blog, podcasts, enseñanzas en video y otros libros.

Website	Videos	Libros
Podcast	Blog	Etsy

Inspiración Adicional

Disponible en Amazon.com

Hija del Rey: Ganando Confianza como Hija de Dios (Un Estudio Bíblico)— El deseo de Dios es que descubras la confianza y las ricas bendiciones de tu identidad que se encuentran en Jesucristo. El enemigo quiere que creas lo contrario, así que aprenderás a combatir las mentiras de la inseguridad con la Verdad. Estás destinada a vivir en victoria como Hija del Rey. Eres de la realeza.

Colosenses: Pon Tu Corazón en las Cosas de Arriba (Un Estudio Bíblico) — Experimentaremos un glorioso cambio en nuestra perspectiva al meditar en la supremacía de Cristo y en nuestra plenitud en Él. Nuestras relaciones serán grandemente impactadas. La esperanza de Cristo nos ayudará a perseverar.

Mateo: Venga Tu Reino (Un Estudio Bíblico) — Al estudiar este increíble Evangelio, conoceremos mejor a Jesús y, como resultado, nos enamoraremos aún más profundamente de Él. Escucharemos Sus enseñanzas, presenciaremos Sus milagros, veremos Su poder, sentiremos Su amor.

Adoración y Maravilla: Devocionales Llenos de Fe — A lo largo de este devocional, tú y yo meditaremos en la Palabra de Dios y encontraremos consuelo en Su amor generoso. Cada página está destinada a recordarnos nuestras bendiciones, llenarnos de esperanza y hacer crecer nuestra fe.

Promesas y Posibilidades: Devocionales Llenos de Esperanza — Vislumbrarás la promesa que la vida tiene y la posibilidad de todo lo que puede ser cuando pones tu esperanza en Jesús. Él es verdaderamente Quien tiene la llave.

Confianza y Coronas: Devocionales para una Hija del Rey — Los devocionales, historias y pasajes bíblicos que encontrarás están destinados a mostrarte la realidad de quién eres a los ojos de Dios.

Lirios y Limonada: Devocionales Llenos de Gozo — Lirios y Limonada representa dos filosofías que contienen la clave para vivir con optimismo. Una perspectiva llena de gozo está disponible para nosotros cuando miramos la vida con la mentalidad correcta, llena de Jesús.

www.ingramcontent.com/pod-product-compliance
Lightning Source LLC
Chambersburg PA
CBHW050454110426

42743CB00017B/3358